桜美林大学叢書 vol.020

国際学の先端研究
「準」周辺からみた英国学派の国際社会論

加藤 朗 ＋ 大中 真 編著
KATO Akira + ONAKA Makoto

J. F. Oberlin University

はじめに

　2017年のシンポジウムを開催してから早7年が経ち、ようやくその成果を出版する運びとなりました。まずは論文執筆者、シンポジウム参加者、そして出版にご尽力いただいた桜美林大学出版会をはじめ関係者の方々に心より感謝いたします。

　この7年間、世界の激動には目を見張るものがあります。宇露戦争、ガザ紛争が勃発するなど、その変化には驚かされるばかりです。宇露戦争は18世紀に先祖返りしたかのような典型的な国家間戦争です。一方ガザ紛争は、帝国主義の埋火のような対立が一気に爆発したかのようです。残念ながら現在の国際政治学は、いずれも歴史的怨念が紛争の火種となった、この変動に追いつく事ができません。とりわけ第二次大戦後世界の国際政治学を主導してきたアメリカの国際政治学（Political Science）が限界を露呈したように思います。とりわけ、現実主義政治学の系譜をひくヘンリー・キッシンジャーやジョン・ミアシャイマーらが現実の宇露戦争のまえに大きな批判を浴びたことは象徴的な出来事でした。モーゲンソーから始まる米国政治学の科学化の試みは歴史や思想を軽視し、金を権力に、経済を政治に置き換えただけの、経済学理論の焼き写しだったのかもしれません。

　一方で、英国学派の存在はますます重みを増してきています。英国学派とは何かという問いに、明確な答えはありません。しかし、米ソ冷戦が終わって以降、明らかに理論から歴史や思想に重点が移ったことは確かです。英国学派と言うには、いささかためらいがありますが、やはり1989年に『ナショナル・インタレスト』に掲載されたフランシス・フクヤマの「歴史の終焉か？」そして、その反論としてサミュエル・ハンチントンが『フォーリン・アフェアーズ』に発表した「文明の衝突」が、英国学派の見直し、再評価につながったと思います。英国学派の代表の一人ヘドリー・ブルの *The Anarchical Society* 第二版が18年の時を経て1995年に出版され、しかもその巻頭言をハーバード大学で歴史、思想を中心に国際政治学を教えていたスタンリー・ホフマンが筆を執った

ことが、理論から歴史、思想への時代の転換を象徴しているように思われます。1996年に日本でも、ブルの「新しい中世」論に触発されたと思われる田中明彦が『新しい中世』で冷戦後の新たな世界システムを構想し、話題になりました。

　日本で英国学派の本格的な見直しのきっかけとなったのは、2000年に翻訳出版されたブルの『国際社会論』でしょう。科学から歴史へ、理論から思想への思潮は次第に大きなうねりとなり、そして現在、本書の執筆者を中心に英国学派の本格的再評価が行われています。その成果は、『国際理論：三つの伝統』(2007)、『国際関係理論の探求』(2010)、『英国学派の国際関係理論』(2013)、『英国学派入門』(2017) 等、精力的に行われています。そして、その一連の研究活動の一環としてシンポジウムが開催され、その成果をまとめた本書が刊行されることになりました。誠に慶賀に堪えません。願わくば、本書が、日本の国際政治学の発展に少しでも寄与することがあれば、シンポジウムの開催者として、望外の喜びです。

　最後に、あらためて関係各位そしてシンポジウムを後援していただいた桜美林大学に心よりお礼を申し上げます。

2024年5月

元桜美林大学国際学研究所 所長　　加藤　朗

加藤 朗　大中 真編
国際学の先端研究
「準」周辺からみた英国学派の国際社会論　　　　　●目次

はじめに（加藤 朗） ……………………………………………………… i

第1章　国際関係論における「中心」と「周辺」（池田 丈佑）

はじめに ………………………………………………………………………… 2
1. 国際関係論の発展と「中心」「周辺」問題 ……………………………… 3
2. 各論としての英米日 ……………………………………………………… 8
3. 各論（1）英国国際関係論と「伝統的」性格 ………………………… 9
4. 各論（2）米国国際関係論と「政策的」性格 ………………………… 12
5. 各論（3）日本の国際関係論の位置 …………………………………… 17
おわりに──「準周辺」から「ハイブリッド」へ…………………………… 25
参考文献 ……………………………………………………………………… 29

第2章　国際社会の「拡大」再考──英国学派と国際機構論の邂逅に向けた予備的作業（千知岩 正継）

はじめに ……………………………………………………………………… 36
1. 拡大命題とヨーロッパ中心主義 ………………………………………… 39
2. アレクサンドロヴィッチ命題 …………………………………………… 41
3. 国際社会からグローバルな政体間社会へ ……………………………… 45
　3.1. アレクサンドロヴィッチ命題に対する英国学派の批判 …………… 45
　3.2. 国際システム、国際社会、グローバルな政体間社会 ……………… 46
おわりに ……………………………………………………………………… 52
参考文献 ……………………………………………………………………… 53

第3章　国際社会論におけるバーク──思想史と国際学の対話（苅谷 千尋）

はじめに ……………………………………………………………………… 60
1. 英国学派のバークの国際社会論 ……………………………………… 62
　　ワイト──バーク国際社会論の基点 ……………………………… 62
　　ヴィンセント──バーク国際社会論の発展 ……………………… 65
　　ウェルシュ──ヴィンセント解釈の継承 ………………………… 66
2. ケンブリッジ学派のバークの国家間関係論 ………………………… 69
　　ハンプシャー＝モンク──介入論の変遷の追跡 ………………… 70
　　リチャード・バーク──熱狂主義と協調主義 …………………… 73
3.「論争」への一石と、国際関係思想史的解釈のための備考 ……… 76
　　両学派の類似点と相違点 …………………………………………… 77
　　備考1：バークの意図──『講和第四書簡』読解 ……………… 79
　　備考2：国家間関係──嫉妬と近接性 …………………………… 80
　　備考3：コンテクスト──ヴァッテル・モーメントとコモンウェルス ……… 83
結びに代えて──国際社会論への含意 ………………………………… 87
参考文献 …………………………………………………………………… 89

第4章　イギリスの人道的介入からみえる国際社会の現在地──戦争、大国、国際法（小松 志朗）

はじめに ……………………………………………………………………… 94
1. 民主主義と権威主義の攻防 …………………………………………… 95
2. 冷戦終結の帰結 ………………………………………………………… 98
3. 大国の強さと弱さ ……………………………………………………… 102
4. 体制転換の限界 ………………………………………………………… 108
おわりに …………………………………………………………………… 111
参考文献 …………………………………………………………………… 113

第5章 ヨーロッパ国際社会へのオスマン帝国／トルコ共和国の参入——英国学派の視点から（今井 宏平）

はじめに …………………………………………………………………… 118
1. 英国学派に関するバリー・ブザンの制度論 ………………………… 118
2. オスマン帝国とヨーロッパ国際社会 ………………………………… 119
3. トルコ共和国とヨーロッパ国際社会 ………………………………… 122
4. 文明国標準とトルコのEU加盟 ……………………………………… 127
　（1）文明国標準とは何か …………………………………………… 127
　（2）文明国標準と覇権国の密接な関係 …………………………… 129
　（3）トルコとの関係におけるEUの文明国標準の揺らぎ ……… 130
おわりに …………………………………………………………………… 132
参考文献 …………………………………………………………………… 134

第6章 国際社会と日本の「邂逅」——英国学派の視座から（大中 真）

1. 日本と「諸国民の家」………………………………………………… 138
2. 最初の「邂逅」〜16世紀後半から17世紀初頭 …………………… 141
3. 再びの「邂逅」〜19世紀半ば ……………………………………… 148
4. 日本は「準」周辺か ………………………………………………… 154
参考文献 …………………………………………………………………… 158

第7章 ブルの国際社会論——英国学派とは（加藤 朗）

はじめに …………………………………………………………………… 162
1. ブルの国際秩序 ……………………………………………………… 163
　（1）ブルの秩序——アウグスティヌスの秩序—— ……………… 163
　（2）目標と価値 ……………………………………………………… 166

v

(3) ホッブズ問題 …………………………………………… 168
　2. 国際システムと国際社会………………………………………… 172
　　(1) 統制的原理としての国際社会 ……………………………… 172
　　(2) 国際システム ………………………………………………… 175
　　(3) 相互作用としての勢力均衡 ………………………………… 180
　おわりに ……………………………………………………………… 183
　引用文献／参考文献 ………………………………………………… 185

おわりに（大中 真）……………………………………………………… 188

参考資料① ……………………………………………………………… 190
参考資料② ……………………………………………………………… 192
参考資料③ ……………………………………………………………… 193
参考資料④ ……………………………………………………………… 194
参考資料⑤ ……………………………………………………………… 195

索　引 …………………………………………………………………… 196

第1章
国際関係論における「中心」と「周辺」

池田 丈佑

はじめに

　国際関係論が誕生して一世紀が経った（Porter 1972；Dunne 1998；Schmitt 1998）。この間、世界は空前の変動を経験した。だが学問としては、世界の変動に対応できたかのみならず、世界を通して人間のあり方を理解できたかが、より重要であったように思われる。この100年、人類は、戦争を防ぎ平和を実現する手がかりを自らの叡智にもとめた一方、その暮らしぶりと知をもって自ら滅亡できるようにもなった。それは「国際的いとなみ（international life）」における「啓蒙の弁証法」であり、しかもこの逆説は核の到来を俟つことなく潜在した。こうした背景を踏まえるなら、単に世界の構造を探り、その変動を明らかにするだけでは十分といえない。人間の営みと、人間が抱いてきた思想や価値まで振り返る必要がある。

　となると問われるのは、世界であれ人間であれ、国際関係論がそれを適切に捕捉し理解してきたか、となる。一方で国際関係は、人の思想や行為に基づく。国家間の関係は、その延長たる擬人化（フィクション）であり、比喩である。他方国際関係には、思想や行為の集積を超えたなにものかが存在する。それは行為を可能にし、制約し、行為する主体や客体、行為の場を作り上げて、「社会」と一括される。要するに、国際関係とは人の営みであり、社会の営みである。人の営みは人間のあり方に、社会の営みは世界のあり方に、それぞれ対応する。国際関係をどう理論化するかが、文字通りに理論的問いとなる。

　本章のつとめは、「中心」と「周辺」という二つの視点から先の問いへ答えることである。だが、いろいろな意味で「中心」「周辺」という視点は十分ではない。本章ではこの後、英国と米国を順にとりあげる。両国が国際関係論において「中心」であったことに異論はなかろうが、「中心」にあって世界と人間をどう捉えるか、思考は大きく違っていた。つまり、「中心」とて一枚岩ではない。さらに、本章は英米につづいて日本をとりあげるが、日本は知的な意味で「中心」たりえないのはもちろん、「周辺」という表現にもなじまない。日本が「周辺」を強く意識していたのはせいぜい1940年代までだからである。近年、「周

辺」を声高に唱えてきたのは「中国学派」であるが、局地的インパクトはともかく（たとえば Qin 2018）、それが国際関係論の土台をもろともに揺るがしているかは未知数である。つまり「周辺」もまた、一枚岩とはいえない。

　ところがである。こうした問題にも関わらず、国際関係の理論的基盤、すなわち人間や世界を捕捉するための前提や方法には、明らかに「中心」と「周辺」がある。それは、存在や認識に関わる点で哲学的であり、人間自身をめぐる見方に関わる点で人間学的である。そして今日、是非はともかく「中心」が前提するこうした方法から逃れて国際関係論を打ち立てることは、無理とはいわなくともかなり難しい。「ゲームのルール」が変わっていないからである。その意味で、国際関係論の「中心」「周辺」構造は健在である。国際関係の理論化をめぐるこうした状況を根底から問い直すことは、先の中国学派に象徴されるように現在進行中の事象であり、刺激的な内容であろう。ただ本章はこれを追うことはせず、その前でとどまることとした。理論化を根底から問うのなら、問う以前の様相について、一通りの理解をもっておくことが欠かせないからである。国際関係論はこれまで、学問としてどのようなものであったのか。本章は、「中心」と「周辺」という視点をいとぐちに、いくらか概観してみようとするものである。

1. 国際関係論の発展と「中心」「周辺」問題

　国際関係論において「中心」と「周辺」を考えるとき、それは何を問題にし、なぜ問題になるのか。出発点は、国際関係論がもつ「学問としての性格」である。踏み込んで問えば、「国際関係論が客観的たり得ない〔かった〕のはなぜか」となろう。もとより、価値中立性という意味で国際関係論が客観的であったかは疑わしい。だがE. H. カーや（Carr 1936＝2001）やハンス・モーゲンソーによる批判（Morgenthau 1948＝1985）のように、「現実」という言葉のもと、主観的に過ぎる（と考えた）立場に対して何らかの是正は説いてきた。この是正が、「科学的」「実証的」という接頭辞を付けて展開されてきたことも、モーゲンソーの掲げた「原則」（Ibid.：Chap. 1）や、ケネス・ウォルツが説いた「理論」（Waltz 1979：Chap. 1）に立ち返ればわかる。疑わしいとして、疑わしいな

りに客観的であろうとしたともいえる。それは社会科学一般にいえる経験であって、哲学者カール・ポパーの思想を思い出せばさらにわかる話であろう。

変化をみせるのは1981年である（Ashley 1981；Cox 1981）。リチャード・アシュレイとロバート・コックスは、ウォルツを相手に、国際関係論が学問の科学性を述べながら、その実すぐれて政治的結論に陥る点を衝いた。従来と異なったのは、両者が、批判を基により客観的な立場を志向したのではなく、客観的立場自体が成立し得ないことを主張し、客観的知の追究を放棄したところにある。これを機に国際関係論は、客観性をどう追求するかと、それがもつ知的偽善をどう回避するかとに、理論的課題を二分する。1980年代後半から活発になる、理論の「統合（ネオリアリズムとネオリベラル制度主義、90年代以降は構成主義が加わる）」と「拡散」は、それぞれの動きの反映とみてよい[1]。

かくして、国際関係論自身が「力をめぐる闘争」を繰り返してきたことが明らかになる[2]。それは、誰が知的覇権を握るか、そして一度握られた覇権をどう奪い、また奪い返すかをめぐる闘いである。重要なのは、ここにおいて学問が闘争の一部となり、その道具ともなり、結果にもなることである。国際関係論において「中心」「周辺」が問題になるとはこの意味である。そして問題となる理由は、この学問が「必ず誰かのためにあり、何かの目的のためにある（Cox 1981）」と考えられるようになったからである。その意味で、知的「中心」「周辺」は、現実における「中心」「周辺」とも連動する。

さて、本章で「中心」「周辺」を語るとき、そこには大きく三つの意味が込め

---

1. この点は、国際関係論の教科書群について、理論として扱う範囲が次第に広がっている現象からも明らかである。リアリズム、ネオリベラル制度主義、構成主義という、驚くほど狭い三元論で解説することが続く日本の国際関係論にあってさえ、理論の多様化という現象を酌んだ概説書が出始めている点は注意すべきであろう。吉川・野口（編）（2006=2015）、今井（2017）が近年の例である。海外では、Baylis, Smith and Owens (2023)；Jackson, Sørensen and Møller (2019)；Dunne, Kurki and Smith (2007=2021)；Burchill et al.(2013)などがまず挙げられるが、本章のもつ問題関心をより先鋭的にすればEdkins and Zehfuss (2008=2019) に対する支持は特筆すべきであろう。
2. この点は、若干文脈が異なるが、2010年に筆者が参加したオランダ・ライデン大学主催のワークショップの場でウィリアム・キャラハンが述べた「知的次元での権力闘争（struggle for power at intellectual level）」という言葉に着想を得た。

られている。地理的位置、文化的先進性あるいは成熟度、そして道徳的正統性である。三者が絡み合って一定の評価が下されるわけだが、「中心」「周辺」自体は相対的尺度であるから、どこが中心で周辺か、答えは常に変わりうる。そこで基準が必要になる。本章で重要なのは、このタイミングで「西洋[3]」と「非西洋」という別の対が登場することである。どこが中心で周辺なのか、「西洋」と「非西洋」が場所と評価をともかくも定めるからである。

ところで、あるものが「西洋」か「非西洋」かという判断は、地理と文化という2つから下される。その結果、考えられる類型は4つとなる（**図1参照**）。

図1　地理と文化から判断される「西洋」と「非西洋」（出典：筆者作成）

	地理的西洋	地理的非西洋
文化的西洋	A	B
文化的非西洋	C	D

そして、4つに対応して、それぞれに評語が与えられる（**図2参照**）。

図2　各類型に対する評価（出典：筆者作成）

	地理的西洋	地理的非西洋
文化的西洋	ヘレニスティック	オクシデンタル
文化的非西洋	オリエンタル	バーバリアン

これに基づけば、Aが「中心」、Dが「周辺」、BとCが「準周辺」ということになる。中心は「ヘレニスティック」、周辺は「バーバリアン」、文化的に西洋

---

3. 無論ここでは、何をもって洋の「西」とするのかが問われる。「東」「西」も、「中心」「周辺」同様相対的な関係をいう。だから何らかの基準が必要となるのだが、何に比べて「西（Western）」なのかは案外曖昧なままである。ちなみに日本では、「西洋」のもつ「西」に加えて、「洋」はどこを指すのかという問題が提起されることもある。それは「東洋」との対比で挙げられることが多いようだが、この点は「東」「西」や「中心」「周辺」といった相対的な関係を定める基準を「海洋とその位置」に求める点で、単なる亜種以上の意味をもっていると思われる。東西の間に「中」を入れ、これをインド洋として考えるものなどは一例であろう（梅棹 1967）。敷衍になるが、これによって登場する「西洋」「中洋」「東洋」という視点は、西洋地域で長く維持されてきた「西洋（West）」「近東（Near East）」「中東（Middle East）」「極東（Far East）」とは異なる。

の影響を受けた非西洋地域は「オクシデンタル」、逆に文化的に非西洋の影響を受けた西洋地域は「オリエンタル」と、それぞれ評価される。

　かつて、国際関係論において「中心」「周辺」を考えたなら、その分布は明らかであった。しかし今日では、そうした分布はもちろん、中心をAとし、周辺をDとして両者の関係を考えることが、もはや不可能であり、不適当になりつつある。しかもそれは、二つの側面をもつ。まず、グローバル化が知に及ぼしてきた影響を考慮しなければならない。近代西洋の啓蒙思想を知的中心とし、そこからもっとも距離が隔たった思考を一様に知の周辺とみなす時代は終わってしまっている（はずである）。グローバル化は、一方で、「ヘレニスティック」な知がその他すべてへ波及することを促し、同時に、その他すべての知が「ヘレニスティック」な知へ影響を及ぼす。それはグローバル化と呼ばれる以前から長く続いた過程ではあるが、こと、20世紀後半以降は、知の交流速度やその頻度、割合を飛躍的に高めた。したがって、4つの評価類型があるものの、これらを表現する知の典型は、今日明快に存在しないのである。結果として、知の有り様という意味での「西洋」「非西洋」というのは程度の問題にすぎなくなる。これが将来、長い時間をかけて何らかのかたちへ一本化されるのか、あるいは際限なく拡散するのかは、まだわからない。

　これをグローバル化に伴う「知の混淆」と呼ぶなら、第二の側面は、それにも関わらず執拗に存在する「知の階層」となろう。混淆が実際に起きているにも関わらず、知の有り様をめぐっては、知的西洋がなお健在である。それは「ヘレニスティック」な思考の優位であり、存在論、認識論、方法論という様式から始まって、それを説得的かつ効果的に表現する技法、さらにはそれを表示する記号と言語にまで至る。主体たる人間の有り様はヘブライズムにまで遡りうるものの、近代以降それは知と信仰とを跨ぐ格好で存在してきたともいえる。地域間での知の混淆が進むなか、図1で示された地域における図2のような評価が、「ヘレニスティック」な類型を頂点としつつ、それに届かなかったりあるいは逸脱している状態として他の3つを従える。しかも、図2の評価は、文明を意味するhelene（類型A）と野蛮を意味するbarbaro（類型D）を対極とし、その中間を設定している（類型B, C）点で、「文明国標準」の焼き直しでもある。

かくして、国際関係論における「中心」「周辺」と、それをめぐるダイナミクスがみえてくる。地域を跨ぐ知の混淆が進みつつも、知的西洋の優位が続いてきたわけである。基本的に両者は、国際関係をめぐる知のあり方をめぐってベクトルが逆である。にも関わらず、最近のグローバル化はこれをいわば止揚し、再生産し続けてきた。すなわち、知の混淆は国際関係論の「非西洋化」や「ポスト西洋化」を促した一方で、これら研究成果が持ち寄られ検討される場や媒体は限定され、既存の階層は維持され強化されてきたのである。それは「従属論」「低開発論」の登場[4]や、英国学派における「西洋への反逆（Revolt against the West）」が、出自を非西洋に求めながら、最終的に西洋的知的成果として回収された頃から特に変わっていない。今日、国際関係論は「グローバルIR」を志向しつつある。だが、知の交流は世界国際関係学会（International Studies Association）へと緩やかに収斂し、媒体も英語に集約されつつある。後者については、出版資本主義のグローバル化に伴い、'CORPS'（Cambridge University Press, Oxford University Press, Routledge, Palgrave Macmillan, Sage）とでも呼べる出版メジャーの活躍が、動きに拍車をかけている。

　以上を要するに、国際関係論において「中心」「周辺」は、「西洋」「非西洋」

---

4. そもそも、国際関係論において「中心」「周辺」を用語として打ち出したのは従属論や低開発論である。知的意味で「中心」と「周辺」を逆転させた意義は大きいものの、下敷きがマルクス主義である点で発端は西洋まで遡るし、世界システム論によって構図は再度逆転する。その世界システム論は、下部構造に注目する一方ではほとんど意識的に上部構造のダイナミクスを省略している。この議論がアメリカで成立したこと、その後ネオリアリズムやネオリベラル制度主義とともにインターパラダイム論争の一翼を構成したこと、さらには論争自体がアメリカ以外の「中心」ではさほど深刻に議論されなかったことが、世界システム論のもつ知的中心性を端的に表しているといってよい。なお、日本におけるインターパラダイム論争の受け止められ方については、田中明彦（2000：4）を参照。ここで田中は、1980年代の日本にあって、理論的関心の高かったものは覇権安定論と世界システム論であり、ネオリアリズムやネオリベラル制度主義ではなかったと述べている。しかし、1980年代を前後して公表された理論研究群（鴨・山本1979；山本・薬師寺・山影1984；鴨・山本1988；山本1989；田中1989；田中・山本1992）はいずれもインターパラダイム論争を構成する立場のいずれかを受容して展開されたものであり、ネオリアリズムやネオリベラル制度主義が看過されてきたとは言いがたい。だとすれば、日本はアメリカ以外の地にあって、かなりの程度で知的中心性を再現していたと考えられる。

と連動する。そして「中心」は「西洋」と、「周辺」は「非西洋」と連動する。学問上の関係は現実世界の関係と、結局対応するのである。

2. 各論としての英米日

　ここまでが総論であった。以降、各論として、英米日という3つの国に注目して、国際関係論がどう展開されてきたかを概観しよう。

　はじめに、3国を取り上げる意味を確認する。まず、現実世界に対する影響力が一般に高い。国際政治上の影響という点で英米に比べればかなり劣る日本でさえ、少なくともこれまでは、世界屈指の経済力や国際機関理事国に選出される頻度といった点で、それなりの高さを誇ってきた。第二に、国際関係論に対するコミットメントが長く深い。ブライアン・シュミットとティム・ダンの著作に代表されるように（Schmidt 1998；Dunne 1998）、英米は国際関係論の二大淵源と考えられてきた。理論上の影響力に至ってはいうまでもない。一方日本は、学問上の影響力こそ低いものの学界の歴史という点で英米を凌ぐことがある。専門家集団の形成と発展の歴史が一例である。日本国際政治学会の設立は戦後であるが、前身として日本外政学会をもち、英国国際関係学会の設立にも30年近く先んじている。外交や国際政治も扱う『国際法外交雑誌』は、その発刊がアメリカ国際法学会誌（*American Journal of International Law*）より古く、発行主体の国際法学会も、イギリス（International Law Association）よりは新しいものの、アメリカより歴史は長い。

　反面、学問的コミットメントについてみれば、英米と日本の間には大きな溝がある。それは、国際関係論をもって政治観と世界観をどのくらい反映でき、表現できたかに関わる溝であって、知的生産力の多寡とは別のものである。英米の国際関係論では、それぞれの培ってきた政治観と世界観が概ね成功裡に反映されてきた。後述するように、伝統的様式によるものか新しい方法によるものかという点をめぐって重要な違いは存在した。また、政治観と世界観が成功裡に反映され表現されることと、ある国が現実の国際関係に対し大きな影響力をもって関わることは別の理屈である。にもかかわらず英米にとって、国際関

係で行われる営みは「政治」という考えを通して知的に概念化ができ、転じて「政治」を実践する舞台として「世界」を設定することもできた。だから、英米の国際関係論では政治観と世界観が揃って提示されてきた。翻って、日本はこうした試みに失敗した。そこには、単に第二次世界大戦中英米と戦い敗北した以上の要因がある。たとえば、政治ということばをめぐる違いがひとつの例である。'politics'と「政治」との間には、国というものの概念や統治の場をめぐる考え方において隔たりがある。「政治」は、その源流を古代ギリシアに共有しつつ意味を分岐させた英米における'politics'と、質的に異なるものをもつ。政治の場としての「世界」についても、両者をつなぐ「国際」についても（尾佐竹1932）同じことがいえる。しかも、そのような「政治」と「世界」とをもって「国際」関係を理論化するという知的営為そのものについて、日本には英米と共有できるだけの知的基盤が乏しい。前節の類型を活用するなら、「オクシデンタル」な日本と「ヘレニスティック」な英米との間に生まれた差が、国際関係論のあり方に強く影響を及ぼしたといえる。

　こうした内容を明らかにするべく、以降の分析と検討は、①政治観と世界観とがどのように異なってあらわれたのか、②それらを理論化する段階で知の仕組み上どのような違いがあったのか、という2軸から進められることになる。

3. 各論（1）英国国際関係論と「伝統的」性格

　英国の国際関係論、なかでも英国学派は、比較的伝統的な政治観から国際関係を捉えるところが特徴的である。「伝統的」な政治観とは、立法に携わる者が政治の中心にあってもっとも重要な作業を担うという意味である。ただこの場合、いわゆる成文法を作ることではない。むしろ、個別具体的に対応しながら、事例のなかで重視されるものを法の一部として判断し蓄積させてゆく、英米法的過程をいう。そのため立法者とは、司法判断を下す者、すなわち法曹の色彩を濃くする。こうした政治観は法のあり方を巻き込んで展開され、それも公法ではなく私法的色彩をより強くする。英国において公法私法の制度的分化が未成熟であったとする見解（伊藤1954a：3, 8）は、言い換えるなら、コモンロー

が複数の制度によって担われつつ「法の支配」（伊藤 1954b）という一点において基本的特徴を変えなかったという意味になろう。それはまた、主権の存在を強く意識しつつ、これを機能上いかに分担（分割ではない）して実施するかという問題となって、政治の領域へ帰ってくることでもある。英国の統治機構が、王会（のちに国会）であれ大会議・小会議であれ、さらには財務裁判所や王座裁判所であれ、国王から派生したものであったことは（伊藤 1954a：32-37）主権が機能に応じて分担されることを意味した。そして、そのなかで司法機能を担った裁判所の判断は、法曹が判断を蓄積するなかで法原則を整えつつ、国王の権力でさえあっても掣肘するという「法の支配」をも表現した。英国に法と政治に関する伝統を見いだすとすれば、それは主権の分担と法の支配、そして二つをつなぐ法曹という、三者を結んだダイナミクスとなるだろう。その上で、こうした点を意識して国際関係の特徴を描き出そうとしたのは、実は国際関係論者以上に国際法学者であったと考えられる。典型はハーシュ・ローターパクトである。彼による私法類推の議論（Lauterpacht 1927）、国際法の完全性をめぐる議論（Lauterpacht 1933：63-65）、そして彼を中心に整えられた判例集が、関連することになろう[5]。だが国際関係論にとって重要だったのは、彼が用いた「グロティウス的（Grotian）」という世界観である（Lauterpacht 1946=1975）。それは国際法的概念として設定されたにもかかわらず、内在される自然法思想によってジョン・ロックの法・政治観へたどりつく。国際関係論の立場からみるなら、それは、ホッブズと異なる政治観が自然法思想を経由して応用できるという意味になる。ローターパクト以前、グロティウス的立場を見いだしつつあった国際法学者として、オランダ人のコーネリス・ファン・フォレンホーフェンがあった。彼がもてず（Vollenhoven, 1936）、ローターパクトがもてたのは、いま述べてきた英国的世界観や政治観であったように思われる。このローターパクトの論文がなければ、「グロティウス的」立場は編み出されなかったで

---

5. ローターパクトによる「国際法の完全性」については多くの議論があるが、日本語で参照できるものとして喜多（2006）が簡便で有益である。またこれとは別に、ローターパクトは、『国際法判例年鑑（*Annual Digest of Public International Law Cases*）』の編集に1929年（ただし内容は1925-6年である）から携わっている。

あろう[6]。それは国際法的表現でありながら、それ以上に国際関係論・英国学派という文脈においてである。

　こうした司法的機能に対し、主権には外交的機能も考えられる。そこでは司法的機能と同様に主権からの派生があり、派生先で生まれた制度が、外交官による実践の積み上げを通して原則を確立させてゆく。英国の国際関係論は、この外交的機能を理論化の軸に置いてきたとみてよい。そして、英国学派でこの点をもっとも強く意識していたのはハーバート・バターフィールドである。英国学派のなかで、彼は歴史家であり外交史家であった。それは、国際社会の推移を、それを形作る思想の展開にも[7]、またそれを支える制度の発展にも求めず[8]、もっぱら技巧（art）としての外交がどう繰り広げられたかに注目して捉えようとしたことにつながる。彼にとって、外交とは国際社会を支える一制度ではなく、国際社会を成立させる営みそのものであった。この点だけをとれば、バターフィールドの立場はC. A. W. マニングと重なる。だが後者が、言語論的転回を背景に、「言語ゲームの理論」における中心的言語行為として外交を捉えたのに対し[9]、バターフィールドはあくまで技巧としての外交という点にこだわった。その点で彼は、やや先立つ世代が行ってきた外交の理論と実践（Webster 1961；Drinkwater 2005）を忠実に受け継いできたとみることができる。

　さて、このように捕捉されてきた政治だが、問いが1つ残される。それは、「政治の空間は1つ（国内／国際を跨ぐ）か2つ（国内と国際で分かれる）か」というものである。米国が比較的簡単に国内／国際のつながりを認める一方で、英

---

6. なお筆者は、別稿の中で「グロティウス」的思想の政治的表現をマーティン・ワイトの国際理論に求めている。池田（2024）参照。
7. これはワイトの立場である。なお、カール・シュヴァイツァーらの研究（Schweizer and Sharp 2007）は、英国学派の活動拠点であった「英国委員会」において、ワイトとバターフィールドが立場上対立してきたことに触れている。
8. この点は、論集*Diplomatic Investigations*に掲載された「勢力均衡」をめぐるワイトとバターフィールドの論文の違いからも分かるであろう（Wight 1966b, Butterfield 1966）。これに、ワイトの後を事実上継承することになったブルが、後年、国際秩序を支える一制度として外交を挙げた（Bull, 1977, Ch. 7）ことを加味するなら、バターフィールドとワイト、ブルとの違いはさらに明確になるだろう。
9. この点は、マニングが外交をdiplomacyとは呼ばず、diplomaticsと呼んだところにもあらわれている。Manning（1962）を参照。

国の国際関係論はこうした思考を「国内類推」と呼んで、どちらかと言えば批判的に扱ってきた（eg. Wight 1966a）。このような国内類推批判は、これまで述べてきた主権の司法的／外交的機能が、主権の対内的／対外的作用に対応していることを理解すれば納得がゆく。ウェストファリアが神話に過ぎないという指摘があるなかで英国学派がすぐれてウェストファリア的である（Chen 2011）のは、結局のところ国内／国際という二軸から政治と主権が構成されているというオーソドックスな社会観ゆえである。そうしたなか、両者を折衷させたものとしてヘドリー・ブルの著作『アナーキカル・ソサエティ』が生まれたことは（Bull 1977）、英国学派が学派として発展してゆく上で決定的であった。ワイトやバターフィールドが議論において所与とし、あるいは触れなかった、政治空間をめぐる前提に向き合い、統合不可能とされてきた国内と国際を結びつけようとしたからである。それは、言語ゲームという単一のルールによって国内と国際を統合しようとしたマニングと比べてより控えめであった一方、（一）国内の類推として国際空間全体を包摂しようとしたアメリカの研究者たちとも異なる立場であった。ブルの著作は、国家間関係を古代ギリシアにおけるポリス間関係の類推で捉え[10]、それを各ポリス内部における統治と対置させて把握してきた政治観の現代的継承である。その意味で、なお古典的な政治観と世界観を維持していたのである[11]。

4. 各論（2）米国国際関係論と「政策的」性格

英国で前提とされた「政治空間の断絶」は、米国では「否」とされた。ただ、

---

10. この点は、国際関係を近世／近代イタリアにおける政体間関係の類推から捉えようとしたワイトと一線を画する。
11. 冒頭でも少し触れたように、国内類推を否定し、国内と国際とで異なった政治空間が展開されるというこの古典的議論は、その名の通り古代ギリシアを範とする。ところが近年の研究では、この大前提を留保し、「国内類推」の存在を一部認めるものがある。Low（2007）の第4章を併読されたい。またこれとは別に、古代ギリシアにおいてポリス間関係を超えたものが存在するとの指摘は古今を問わずに提起されてきた（Zimmern 1911；岸本 2021）。

こう答える理由は単に英国の向こうを張ったからではない。国際関係論における米国的伝統が何によっていかに創られていったか、をみることから明らかになってくる。

　大胆をおそれずに定式化するなら、草創期米国政治学を支えたのは「権力」への注目と「科学化」への努力であった。「権力」は二つの政治空間に共通する要素であって、政治を政治たらしめる存在である。だから権力を軸に国内と国際を統一して捕捉すれば、包括的な政治理解も可能になる。このアイデアを方法としてバックアップするのが「科学」である。国内と国際を横断しつつ、「権力」に注目することで政治独自の領域を抽出して、これを科学的に探究すること、それが米国政治学のねらった学問であった。言い換えるなら「純粋政治学[12]」の定立である。

　純粋政治学たる米国政治学を推進した立役者はチャールズ・メリアムであろう。だが本章で注目したいのは、途上でモーゲンソーがやって来たことである。知られるように、第二次世界大戦以降、米国国際関係論の代名詞とされたモーゲンソーは、その知的背景をオーストリア・ウィーンに負い、ハンス・ケルゼンに負っていた。つまり彼を学問的に構成していたのは「純粋法学」である。そして彼の亡命を機に、純粋政治学は純粋法学と出会うのである。亡命前、モーゲンソーはケルゼン学徒であった。一方ケルゼンは法学者として、国内空間と国際空間を横断した「法の一般理論」を論じ続けていた。法の一般理論が表すものは統一的法秩序であるが、あくまで当為の世界に存在するものであって、実在するかどうかを問わない。翻って、モーゲンソーの「現実主義」的国際関係論は、このケルゼン的法秩序が破綻した姿でもあった。それは規範性を法の法たる要素として抽出し、科学的に組み上げてきた純粋法学の破綻ともいえた。だがモーゲンソーは、それを規範性の破綻とはみたものの、純粋理論の破綻とはみなかった。だから、理屈としては合理的である純粋法学を「合理主

---

12. こうしたいきさつにも関わらず、管見の限り、「純粋政治学」なる言葉を本格的に掲出したのはフランス人政治学者のベルトラン・ド・ジュヴネルであって、しかも1963年の話である。しかし、政治の根源に権力作用をみるというところはメリアムやモーゲンソーと同じであり、しかも戦前から継続した見方であった。

義」の仲間とみて切り捨てることをしなかった。そして抽出すべきものが何かを改めて考え、それを政治の領域で抽出し直したのである。彼の回答は「権力」であった。メリアムやシカゴ学派政治学が、どこまで純粋理論として権力を追究しようとしたかは本章の射程を超える。ただ図らずも、米国政治学とモーゲンソーとは「権力」に注目し、それを「科学化」することで統一的に政治を理解できると考えたのである[13]。ちなみにこれにはもう一つ補足がある。このように追究すれば、政治学は他の学問から独立し、自立した学問となると、両者が見立てていたことである。この点は、モーゲンソー『国際政治』に掲げられた、国際政治学のためのマニフェストにあまりに明快である。

　ところでこの時期、政治について、モーゲンソーと異なる定義をした者と、似た定義をした者とがいる。前者はデヴィッド・イーストンであり、後者はハロルド・ラスウェルである。一方でイーストンにとって、政治は「価値の権威的配分」である。権威をもって価値を配分できる存在が前提されていることに、まず注意しておこう。ただそれは、国家でもなければ権力でもない「システム」である（イーストン 1976：135-141）。政治をシステムとして（ブラックかどうかはともかく）ボックス化し、投入と産出としてダイナミクスを描いたことは、政治静学と政治動学とを一変させた。ただし、彼の考案したシステム理論は一義的には国内政治に向けられていた。つまり、システム間政治と呼べるようなものではなかったのである。しかしそれは同時に、システムという共通の概念をもって国内／国際の政治空間を架橋する可能性をもっていたともいえる。そしてこの思考を接ぎ木することになったのが、ラスウェル以降の政治学であった。

　ラスウェルにおいて政治とは、権力の追求過程であった。これだけであればメリアムの延長ともみられるが、ラスウェルはこの追求過程を分解し、「政策

---

13. ただ、米国政治学のすべてがこの流れにのっていたわけではないことも指摘しておく必要があろう。代表例はイーストンである。イーストンは、政治の一般理論を語る上で権力が中心になることはなく、「意味ある変数のうちの一つにすぎない（イーストン:123）」という。なお、その際に引き合いを出して批判する相手に、モーゲンソーとラスウェルがいることにも注意しておきたい。

過程」へ再構成した。彼にとって、政治とは権力の追求過程であると同時に、政策の実現過程だったのである。「立法に携わる者による政治」という点で英国の政治観が伝統的だとすれば、米国における政治観は、「政策（行政）に携わる者による政治」だということになる。これまでの伝統から飛躍することは、いうまでもない。しかし政策としての政治は、分断されたかにみえた国内空間と国際空間を跨ぎ、世界的な政策形成過程のダイナミクスとして新たに発展することになる。加えて注目すべきは、権力の追求であれ、政策の実現であれ、ラスウェルが政治を「過程」として把握したところにある。そしてこの点で先に述べたイーストンを接ぎ木する余地が生まれる。イーストンにおけるシステム内力学は、その詳細をかっこにくくったとしても、なお「過程」だったからである。こうして、当初権力に注目した政治学は、少しずつその過程へ視点を移してゆく。「世界的政策形成過程としての政治」への変容である。

　政治を政策形成過程としてみる試みは、初期にはシカゴ大学において、それ以降はイェール大学において、展開された。ラスウェルは双方に在籍し、「シカゴ学派」ではクインシー・ライトと、「イェール学派」においてはマイリス・マクドゥーガルと、緊密に連携して理論構築に励んだ。ラスウェルのパートナーが、ともに国際法学者だった点は注目しておいてよい。これから述べるように、ラスウェルとマクドゥーガルが中心となって作り上げたイェール学派国際法理論は、国際法理論の範疇を超え、英国学派にも強い影響を及ぼした。一方で、一般に『戦争の研究（A Study of War）』（Wright 1942）が代表作とみられがちであるライトでさえ、国内法と国際法の関係を論じた著作を公表し、しかもそのなかで国内―国際空間の連動を、ケルゼンとは異なった方法で述べている（Wright 1916：Introduction）。やはり、国内空間と国際空間はつながりうるのである。それも、政策を軸としつつ、法と政治を架橋する格好で、である。

　さて、ラスウェルとマクドゥーガルが目指したのは、世界的政策形成過程の結実たる「世界公共秩序（world public order）」であった。イェール学派は多くの研究成果を刊行し（McDougal et al. 1960；McDougal and Feliciano 1961；McDougal, Lasswell and Miller 1967；McDougal, Lasswell and Chen 1977；Lasswell and Mcdougal 1992）、国際法学者リチャード・フォークの率いる「世

界秩序モデルプロジェクト（World Order Models Project, WOMP）」へ引き継がれる。世界公共秩序を詳述することは措くとして、本章で重要なのは、このような取り組みをブルが問題視した点である。彼にとって、イェール学派やWOMPの掲げる国際法観は「現行法を呈示し解釈」することを主な仕事とする国際法学者にとって越権行為となりかねない（Bull 1977：153）。ブルによる批判は、国際社会における法の欠缺をどう理解し、それをいかに克服するかという点で、英米の立場の違いを知るのに有益である。すなわち双方は、法に携わる者に克服のための力を認めている点で立場を同じくする反面、それが解釈か定立[14]かをめぐって見解を分かつ。ふたたび、立法（法曹）か行政（政策）か、ということになるわけである。

以上、英米について検討を加えたところで、双方は「中心」にありながら、政治観と世界観について異なった立場を有してきたことが明らかになる。一方でイギリスにあって、政治はコモンローの伝統に裏打ちされた立法者による行為である。それは国内にあって統治となり、国際にあっては一種の技巧となる。背景には、政治的行為がひとつの主権を源に導かれつつ、それが力を及ぼす空間は国内と国際とで明確に分かれるとする二元論の思考がある。しかしいずれにも、所与の範疇を適用することを拒否し、政治を、あくまで個別具体的な局面における実践の総体として捉えようとするところで、共通点がある。他方アメ

---

14. この点については、法（国際的合意）の解釈をめぐるイェール学派の研究が役立つ。法の解釈も世界公共秩序の一部であり、しかも社会的過程である。イェール学派の想定する社会には、存立の基本をなす価値（basic value）というものが存在し、またこれに沿った目的がある。そこでなされる法の解釈は、社会の目的に対する構成員の「要求」や「期待」を形にして伝え合う「コミュニケーション（communication）」と、社会が共有している「期待」が何かを「発見」する「適用（application）」という2本の柱からなる（McDougal, Lasswell and Miller 1967：xiii-xiv, xvi）。小論でポイントとなるのは、法解釈をする際背景に控える社会の広さが、英米で異なる点である。イギリスの伝統に沿うならば、それは解釈に直接関わる限りの範囲である。一方アメリカではそれよりも大幅に広い社会を想定している。これは、政治空間の広さによる違いだと言い換えてもよい。そしてふたたび、その政治空間が国内に限定されるのか、国際関係をも跨ぐ領域に拡大されるのか、という問いが現れることになる。英国的伝統が前者、米国的伝統が後者に、より親和的だということになろう。

リカにおいて、政治は、より行政に近い立場から政策として理解される。それは、投入されるべきものと産出されるべき成果を両極として展開されるひとつのシステムであり過程であって、個々の状況に応じて作り上げられる営みというよりは、その過程に投入される「変数」に応じて結果が調整される回路に近い。そしてこのような回路は、国内的にも国際的にも似た形態を取りうる。少なくとも世界的規模で設定可能であり、そこで産出されるものは「権威的に配分された価値」たる「公共の秩序」となる。英米はともに、「秩序」を政治の成果として求めてきた。しかしその内容にせよ、実現のされ方にせよ、根本的といっていい違いが存在する。そして、その違いを端的に表現するのなら、それはやはり19世紀的秩序と20世紀的秩序ということになるのだろう。

5. 各論（3）日本の国際関係論の位置

　英米の違いを理解しつつ、日本における政治観や世界観を学問から概観することに（いかなる）意味があるのか。この問いは、日本の近代政治学に復活すべき伝統はないと喝破した丸山真男（丸山 1947=2014：13）と、たとえ「呪うべき伝統」であっても擁護の余地はあるとした蠟山政道（蠟山 1949=1968：3）との緊張に集約される。前者は戦後という近代の前に伝統の不在を宣告し、後者は明治という近代の経験として伝統を語った。日本における政治学の捉え方について両者のベクトルはやはり逆である。にも関わらず双方は、政治という営みと、それを扱う政治学とが、日本では「外来種」であり「近代的」であったことを共に認めている。英米において政治と政治学が基本的に内発的経験から形成されてきたことと比較するとき、これは重要である。

　「政治」が外来種であり近代的であるという見方は、政治が営まれる舞台としての「世界」を考える際にも概ね当てはまる。近代以前の日本にあって「世界」を意味したのは「天下」であった。国内においては統一されるべき地平であり、国際においては中華秩序（ここで、ワイトの宗主国家システムを想起しよう）の一翼を意味したこの言葉によって、近代以前の統治空間は緩やかながら統一されていた。そうした地域に「政治」と「世界」とが登場し、地歩を固

めていったことは何を意味するか。それは、「近代的自我として半ば強制の下で選択したもの（池田 2017：139）」と、それを取り巻く環境として、日本とその周辺についての理解を改めていったことをいう。新しい時代に際し、自己と環境をめぐる問題、アイデンティティをめぐる問題に対して、新たな答えを出した過程だといってもよい。近代的自己たる日本を「国家」として把握し、それを取り巻く環境を「世界」として把握する。そのなかでなすべきふるまいと果たすべき役割とを、「政治」という言葉を通して定めていったわけである。この知的格闘が、近代日本の政治学のもつ軸であって、その「延長戦」として近代日本の国際関係論も存在した。

　格闘がまず行われたのは、日本の近代的自己となった国家をめぐってである。幕藩制国家日本は体制（regime）とは呼べても政体（polity）とまではいえず、とくにペリー来航前後における外交通商機能のなし崩し的な解体は、世界の中の日本という立場を踏まえた自己の再構成を求めるに至った。「日本とは何か。」かくして自己の刷新が始まる。

　刷新されてゆく近代日本を学問上どう捉えるかは、「国家学派」と「実証学派」の対立たる「政治概念論争」へと収斂した。内容は蠟山（1949=1968）に譲り、ここでは繰り返さない。ただ、その知的関心をほとんどこの論争へ集中させた点には留意しておきたい。この時期、政治学のみならず社会科学一般が、近代的視点から日本を近代的に把握するという、当然と言われれば当然の知的作業に従事したからである。その結果、自己たる「日本」についてはこれを突き詰めて検討したものの、環境たる「世界」については十分な見通しを与えられなかった。ここで例外を果たしたのはまたしても蠟山である。彼にとって国際関係とは、政治学の「任務と対象」における外延（蠟山 1925=1979）であり、国内政治の延長としてほとんど当然に追求すべき問題であった[15]。拙稿で述べたとおり（池田 2017：139）、この点に、国際政治学が政治学の「延長戦」で

---

15. この点は、南原繁が『政治哲学序説』を執筆した際、国際政治の理論的基礎について「政治哲学本来の課題」と表現した（南原 1971：25）点にも通ずる。なお同書を解説した福田歓一は、国際政治が南原にとって「政治哲学最後の課題」であった旨述べている（南原 1971：458）。

あった所以がある。

となれば、「延長戦」がどう繰り広げられたかが次なる問題である。自らを政治という近代外来種の担い手に作り上げた後、日本が直面したのは2種類の「国際的いとなみ（international life）」であった。「外交」と「国際政治」である。前者は19世紀的「世界」における「政治」であり、後者は20世紀的「世界」における「政治」であった。それはヨーロッパの経験を蓄積して英国が体現した国際関係論と、その破綻の上に新しいパラダイムを築こうとした米国の国際関係論でもあった。この両者を前に、近代日本の国際関係論は、日本という国家をしていわば二正面作戦を展開させることとなる。

一般に、「国際的いとなみ」における「外交から国際政治へ」というトーンの転換は、第一次世界大戦後に起きたとされる（南原 1971：420）。近代日本の国際関係論という文脈でも、19世紀的「政治」「世界」を総括し、20世紀的「政治」「世界」へと一本化する筋書きとして表現された。後に川田侃によって近代日本の国際政治学の三巨人とされた（川田 1963：229）、蠟山、信夫淳平、そして神川彦松を、例に挙げながらみてみよう。一方で3人は、いずれも初期著作において現実主義的世界観に立たない（蠟山 1925=1979：360-361, 1928；信夫 1925a：8-14, 1925b：42-46；神川 1927=1966：528-529）[16]。共通するのは、国際連盟とヴェルサイユ体制を出発点にしていることである。日本の草創期国際関係論は、後者たる「国際政治」を軸とし、文字通りに「国際政治学」として展開されたことがうかがえる。この点は、蠟山が国際政治を「外交」と分け（蠟山 1925=1979：361）、また神川が国際連盟による世界の再編を「新しき国際政治（神川 1927=1966：529）」と呼んだところとも重なる。加えて、国内政

---

16. ちなみに神川は、同じ時期、東京帝国大学で政治学を講じた小野塚喜平次を記念する論文集で「民族主義」を取り上げている。彼は、民族主義が他民族を尊重する「相対的」なものである限り国際連帯主義と調和すると述べ、逆に自民族にのみ価値を認め他民族を排斥する「絶対的」なものは「国際政治の基礎観念と根本的に相容れ」ないと結論づけている（神川 1926：489-491）。なお、この神川論文と並んで「国際政治」の項目に論文を寄せたのは先述の南原（周知の通り南原の専門は政治哲学であったが、彼は東京帝国大学で国際政治を扱う講座にあった）であり、彼もまた、「カントにおける国際政治の理念」を小野塚に捧げている（南原 1926）。そしてこの論考が、45年の後『政治哲学序説』の最終章へと接続されてゆく。

治と国際政治（彼は「内治」と「外政」という）が「両者相頼り相俟つに非ずんば其の効を期し難」い（信夫 1925:26-27）と論じた信夫の考えを酌むならば、安定的な国内空間とアナーキーな国際空間とを分け、前者の力が及ばない領域、政治（学）的に未熟な領域として後者をみなすことへの抵抗も、みることができる。つまり、この時代の国際関係論は20世紀的「政治」「世界」に立脚したものであった。それ以前のことを語るとなれば、それは国際政治学ではなく、19世紀的「政治」「世界」により近い国際法か外交史の話となるだろう[17]。

　ところが、これをもって近代日本の国際関係論が19世紀的「政治」「世界」を精算したかと問われれば答えは「否」である。このことは、信夫や神川が、19世紀的「政治」「世界」に立脚した外交論や外交史、国際法研究を多数残した点からもうかがえる。一方で信夫は、「古典外交論者」として戦間期国際秩序の形成と変容を「屈折した感情」をもって眺めた（酒井 2006）。他方で神川は、

---

17. この点は川田も、国際政治が国際法や外交史を補助する役割にあったことを述べている（川田 1963：228）。日本における最初の国際関係関連の学会誌が『国際法外交雑誌』であった点も再度想起しておいてよいだろう。
18. 神川による国際政治史が出て数年後、彼がいた東京大学で国際政治史を講じることになったのは岡義武であった。そして彼も、「国際政治史」という名で書を公にしている（岡　1955=1992=2009）。国際政治史を扱った2つの著作に、もし共通するところがあるとするならば、それは、19世紀的／20世紀的として性格をどちらか一方に特定することの難しさということになろう。一方で岡は、国際政治史を編むにあたって、国際政治が変動する「基本的動向」に「国民的利益」を据え、これこそ「国際政治の基本的動力」であると考えた（『同上書』1-2）。この背景には国益を国際政治の根本と考えたモーゲンソー的国際政治観が認められるわけだが、反面そのような「きわめて抽象的かつ不明確」なものをもって、「国家なり外交なりが国民的利益を追究するものと予断して、そのような観点から国際政治の歴史的過程を記述することは、多くの問題を含む」（『同上書』2）とも述べている。実際、「国民的利益」を軸に展開された「国際社会」とは、「ヨーロッパ国際社会の成立」であり、「ヨーロッパの膨張」であり、つまり、すぐれて英国学派多元主義的な見解であった。他方、神川による近代国際政治史は、「抽象的かつ不明確」な国益に代わって「国際政治社会の形成」を軸に叙述しようとしたものであった。外交史に代わる国際政治史の定立を自らの「学的課題」（神川 1947=1966：3, 5）とし、前世紀の研究との違いを図ったものの、その書き方は、事例を積み重ねて国際関係の推移を叙述するという、より古典的方法であった。その書き方を「オーソドックス」と評したのは、神川が東京大学を去ってすぐ（おそらく岡以前に）、「出講」というかたちで国際政治史の講義をした歴史家林健太郎であったが、管見の限り、もっとも古典的な方法で外交史記述を試みたのはむしろ林ではないかと思われる。

「外交史」を「国際政治史」として鋳直したことで一見19世紀的「政治」「世界」を精算したようにみえながら、「国際政治の歴史」のモーターとなる外交の本質を、勢力均衡や同盟、帝国主義といった19世紀的要素に求め続けた（神川 1947=1966）[18]。そもそも、19世紀的「政治」「世界」と一線を画する20世紀的「政治」「世界」は、何を決定的な要素として20世紀的と自認するのか。ふたたび英米を参照するなら、両者は、政治の内容、つまり立法を重視し古典的（クラシカル）な手法で進めるか、行政を重視し政策的に進めるのか、という点で異なる。しかし、政治の主体が「政府」であって、「国家」へ遡る点は同じである[19]。国家同士の政治の結果は「秩序」としてあらわれ、秩序は国家を取り巻く「世界」として国際環境を作る。こう考えるなら、20世紀的「政治」「世界」は正しく19世紀的「政治」「世界」の延長であり、ただそれは「政治」の作られ方と、その結果たる「世界」の様相、そしてそれを担う国の違いにおいて異なったのである。したがって、英米いずれの立場に寄るにせよ、近代日本の国際関係論が取り組んだ内容もまた、近代的自己たる国家の構築と、国家を軸とした世界・世界観の構築という作業の域を出なかったわけである。前者を「政治」と呼び、後者を「世界」と呼んだことは、いうまでもない。それがすぐれて「日本的」容貌をもったのは、学問の草創期から10年ほど後、自国を「国体」と呼び、世界を「共栄圏」として規定したときであった。

　以上から、いくつかの点が明らかになる。まず、近代日本の国際関係論は、国際政治学という名称で本格化した。それは、既に先行して存在した科目（国際法と外交史）から分岐する格好で生じた後発科目であった。次に、学問のバックボーンはウィーン体制でもウェストファリア体制でもなく、ヴェルサイユ体制に求められた。この点は、国際法と外交史が、むしろウェストファリア体制やウィーン体制を背景にしたことと対照をなしている。第三に、国際政治学の掲げた政治観と世界観は、国際法・外交史と比較するならば、より20世紀的であった。それは、外交の限界としての第一次世界大戦と、大戦前政治・世界の

---

19. この点は戦前日本の政治学が国家学派と実証学派にわかれたこと、両者のいずれが政治概念を体現するかについて争ったこと、そしてこの論争が政治学のほぼすべてであったこと、という先述した部分につながる。要するに、これら3つが繰り返されたわけである。

精算としての国際連盟とからなる。日本の状況によりひきつけるなら、19世紀的政治観・世界観は、開国後近代国家の完成に邁進した日本の実践を導いたものであった一方、20世紀的政治観・世界観は、ともかくも近代国家化を完了させ（しかも植民地を保有することすら模倣した）、国際連盟常任理事国として「大国」の地位を獲得した後の日本の実践を導いたものであった。第四に、英米を両端とするスケールの中に置くなら、近代日本の国際政治学は、より米側に近い位置に立つということになる。逆に国際法や外交史は、相対的に英側に近いということになるだろう。ただしこれは両足で別々の靴を履いている状態である。その中で日本は、国家と世界の有り様について、二正面作戦を展開したことになる。最後に、こうした一連のうごきが、近代以降、自己と環境を定め、自らのアイデンティティを定めようとした知的格闘を形成する。そして、近代日本の国際関係論が、アイデンティティ・ポリティクスの一環であったことが明らかになる。もしこの点に、今日流通するアイデンティティ・ポリティクスとの違和感を感じるとするなら、その理由は、国際関係と国際関係論の構築がもっぱらナショナル・アイデンティティの構築と連動し、しかもそれを走りながら実践したからだ、ということになるだろう。

　ところが考察はここで終わらない。少なくとも2点、留保が必要である。第一は方法論である。近代「政治」と「世界」を知るために、近代日本の国際関係論が駆使した方法は、アメリカのいう科学ではなく、むしろドイツでいう科学（ハインリッヒ・リッケルトの文化科学）に近かった[20]。この頃、政治学が方法

---

20. 興味深いことに、日本には「科学としての政治学」という題名をもった論文が少なくとも2本ある。1本は戦後丸山真男が書いたものであるが、もう1本は戦前、堀真琴が執筆している（堀1926）。ポイントは、それぞれの論文における「科学」の意味である。丸山は自らの論文でいう「科学」をもっぱら「経験科学」と認識し、英米仏を中心に「もっとも実りおおい成果をあげ」たとした一方、ドイツにおいてそれが国法学や行政学にのみこまれた（丸山1947=2014：17）とした。その上で日本の政治学を振り返り、「8.15以前の日本に政治学というような学問が成長する地盤が果たして存在したかどうかということは問わずして明らかであろう」と締めた（「前掲論文」17-18）。翻って堀が執筆した「科学としての政治学」における政治学の科学性は、蠟山が（1949=1968）で二分したところの「実証学派」である。英米仏における経験科学にかろうじてつながりうる点で丸山の批判の外に立つことはできるものの、結果的には国法学・行政学に「のみこまれ」た感は否めない。

論としてドイツ（国家学派）とイギリス（実証学派）に大きく拠っていた点に鑑みるなら、科学のよりどころがアメリカでなくてドイツであったことは理解できる。ただ注意したいのは、近代日本の国際関係論が、認識対象と認識方法とを、いわば一括して海外から導入したわけではなかったことである。「政治」が何でありその舞台たる「世界」が何であるかについてはある国から、それらを把握し理解する方法については別の国から、それぞれ取り寄せた上で、日本でそれを接合させたわけである[21]。ここに、日本特有の事情がうかがえる。すなわち、東アジアにおける西洋列強の角逐を縫って学問を作り上げなければならなかったという事情である。それは知的発展という意味で内発性を相当に欠くが、強力な政治的必要ゆえ急速な発展をみたといえる。「走りながら実践した」という先述の比喩は、このことを意味する。

　留保の第二は、いま述べた内発性に関わる。近代日本における国際関係論は、基本的に、輸入学問を組み合わせた以上のものではない。反面、太平洋戦争期を中心に、「日本的」なる視点をうちたて、土着の政治観と世界観とを構想した経験があることも知られている。先に挙げた「国体」と「共栄圏」である。だが、「日本的」政治観と世界観を反映させたこの二つは、少なくとも国際関係論においては当てはまらない。「日本的」政治観と世界観において国家は不在だか

---

21. もちろん例外はある。代表的なのは、ケルゼンによる純粋法学を背骨に発展した国際・国内法秩序論であろう。根本規範を頂点に「世界」が一体的な法規範を構成すると考えたこの思考によって、美的ともいってよい統一秩序が描かれたわけであるが、ケルゼンがその「純粋」性にこだわり、この立場から「政治」を放逐した結果、国際関係論がケルゼンの知的恩恵に預かることはできなかった（その点で、ふたたびモーゲンソーを参照するなら、「国際政治」とはケルゼンと純粋法学の残り物ということになる）。しかし逆に言えば、その法秩序論が政治と没交渉に展開できたがために、純粋法学は、その立場を捨てない限り、大戦中の政治的圧力に耐えられることができた。この点は、日本において、横田喜三郎対大澤章・安井郁という対立構図であらわれる。横田は純粋法学の番人として戦中を生きぬいた。一方大澤と安井は、ケルゼンに反旗を翻したカール・シュミットにならう格好で、法秩序の再政治化を企図した。戦後わずかの間、国際法と国際政治の双方で、横田がほぼ独壇場とも呼べる「活躍」をした反面、大澤は一線から退き、安井は公職追放の対象者に該当してアカデミアを去った。そのような人びとが戦前、まだ政治的転向を経験する前にまとめたのが大澤他（1932）である。ちなみにケルゼンはオーストリア・ウィーンの出身である。このため、黒田覚のように「ウィン学派」と呼ぶこともあった。

らである。国家に代わって登場するのは「国体」である[22]。国体は、天皇統治の総体という点で体制ではあるが、政体ではない。国体が政体となりえないのは、それを試みようとした天皇機関説や国家法人説が、真正面から否定されたことからも明らかである[23]。そしてここから、政体たる国家を軸に「国際関係」として世界を再編することが理論上不可能になる。戦時日本が描いた世界観たる大東亜共栄圏が、一方でアジア諸国の「独立」の上でその緩やかな「連合」を構想しつつ、それを「圏」という曖昧な言葉で表現しなければならなかった理由の一つは、おそらくここに求められる。しかも「圏」という思考は、ドイツで発展した「生活圏（grossraum, lebensraum）」概念であって、つまり日本的世界観を構想するなか、裏口から密かにドイツの知的資源を取り込んでいた格好

---

22. 「国体」をめぐる議論は戦中華々しく展開されたが、さしあたり法学的視点から筧克彦（1936）、政治学的視点から牧健二（牧 1943）をそれぞれ挙げておく。
23. 天皇機関説については、宮沢（1970）を参照。この説を展開した美濃部達吉の論は『憲法撮要（改訂第五版）（美濃部 1932）』によくあらわれている。直前の「訂正第四版」と併読することを勧めたい。
24. 戦時中、国際法学会の企画で刊行された「大東亜国際法叢書」がこの点を裏付けている。とりわけ、安井郁によるシュミットを下敷きにした論考（安井 1942）が該当する。なお、この安井の書と対をなす格好で、松下正寿が米州国際法の研究をしている（松下 1942）。検討の対象はモンロー主義である一方、彼自身は戦争と平和を「生命体たる国家の絶えざる闘争」と考え（同：3）、国際法を闘争のための「闘争技術の一種（同：2）」と考えた。ここに、友敵関係をもって政治の本質とするシュミットの思考がうかがわれる。
25. この点は、京都学派が「世界史」と「近代」とを再考したところからもうかがえる。日本による秩序再編の動きを世界史的出来事にまで引き上げることができた理由は、それが秩序再編にとどまらず、それを可能としてきた前提そのものの破棄と交替を思考したからである。その意味で「国体」と「圏」という考えは「国家」と「世界」を代替するものであって、国際関係論の文脈に限って言うなら、この考えの代替をねらった「思想戦」という言葉も成立するのである。また、これと連動したのは、「国家」と「世界」による時代そのもの問い直しであった。これを「近代」という一語に集約させ、「近代の超克」をねらったことは、京都学派の多くも参加した「知的協力会議」主催の会議とマニフェストからもよく知られる（河上 1979）。戦後、そのような超近代への意志を「イデオロギー」として切り捨てたのが廣松渉（廣松 1989）であったが、そもそも「近代の超克」というのを外から一押しした格好になったのが、ドイツの歴史学者シュペングラーだったことにも注意したい。ふたたび、日本は裏口から西洋の知的資源を取り入れていた裏付けになるからである。なお、国際関係論における京都学派については近年の研究が著しい。もっともひかれる論考として、Goto-Jones（2005）とShimizu（2022）を挙げておく。

になる[24]。明治以降、体制から政体へ脱皮するために近代国家概念を導入した日本は、戦時中、政体から体制へと再脱皮するためにその概念を放逐した。それが、京都学派哲学のように、国家と、それがよって立つ近代の、全面的再考につながったことは事実であろう[25]。しかし実際のところ、それは国家からの撤退であり、政体から体制への後退であった。併せて、「中心」が作る国際関係からの撤退であり、「中心」の論じる国際関係論からの撤退でもあった。ひとえに、時局がそれを望んだのである。

おわりに――「準周辺」から「ハイブリッド」へ

　ここまで、国際関係論における「中心」と「周辺」がみせた知的ダイナミクスを、比較しながら捕捉する作業を続けてきた。だが、試みは十分ではない。どの国も学問の草創期により注目した論となっているし、英米と比べ倍近い紙幅を費やした日本においてさえ、取りこぼしがかなりある。

　そもそも、日本は「中心」か「周辺」かと問われるなら、おそらくいずれをも摂取し、いずれにも属さない立場となる。世界システム論の言葉を借りるなら「準周辺」的位置ということになるが、この意味には少し慎重にならなければならない。たしかに「準周辺」には、世界システム論のいうように、中心をうかがい覇権を手に入れんとする性格が認められる。だが、知の歴史からみるなら、仮に実力をもって手に入れた覇権であっても、それは知的覇権を握ったことにはならない。実力を伴う覇権と知的覇権は別なのである。しかも、「中心」と「周辺」の狭間にあって、双方の知と経験とを併有できる位置は、「準周辺」とすらいわない。それは、ポスト植民地主義のいう「ハイブリディティ（hybridity）」である。つまり、「中心」たる宗主国的経験と、「周辺」たる植民地的経験とをともに味わった状態であって、「中心」にいるだけでは得られない「周辺」的要素をもち、「周辺」にいるだけでは得られない「中心」的要素を備えた状態なのである。だから端的に言えば、この「ハイブリディティ」は「中心」よりも「周辺」よりも、知的に「優れて」いることになる。前者の陥りがちな宗主国的思考を回避しつつ、後者にありがちな土着性至上主義をも回避で

きるからである。つまり、日本は「周辺」というよりは「ハイブリッド」の位置に近い。

　だがこのことは、本章を閉じるにあたって、少なくとも2つの問題を残す。まず、国際関係論における知的「周辺」がいったいどのような状態にあるか、日本の状況だけではわからないのである。実際、近代日本の国際関係論の発展とは、「中心」知の周辺化と「周辺」知の中心化との組み合わせであった。体制から国家への脱皮と、そこから体制への再脱皮という行き来は、近代国家による国際政治という「中心」知を周辺たる日本に適用する試みと、欧米と比較すれば周辺に属する日本独自の「周辺」知を知的中心へ進出させ、その脱「周辺」性を中心諸国に知らしめようとした試みとからなる。そして双方は、近代以降、どちらがより前景にあり、どちらが背景にあったかを問うことはあっても、ともかくも併走してきたのである[26]。

　だが、ここで日本の「ハイブリディティ」性が、実は破綻していることも明らかになる。これが問題の第二である。日本は現実の歴史において植民地化されたことがない。そのなかであえて日本が自らを「ハイブリッド」と自認するためには、現実世界ではなく知的世界を通して、「日本は西洋の植民地だったのだ」ということが必要になる。これは、直感的に支持できそうであっても、やはり相当に思い切った仮定である。というのも、近代以前、当の日本は、中華秩序の一翼としてその「周辺」部にあったとき、みずからが知的に植民地であったという感覚をそれほど認めていなかったのではないかと、疑われるからである。もちろんこれは推測の域を出ないから、別稿を費やしてその如何を明らかにする必要があろう。ただ、仮に推測がある程度妥当だとすれば、近代以降に存在した帝国秩序とそれ以前に存続した帝国秩序との間に、質的な違いを認めなければならなくなる。それは、中華秩序においては自らを植民地と感じない一方で、西洋国際秩序にあっては自らを積極的に植民地と類推して位置づけるような何か、ということになるだろう。当然、それは何であるかが問われ

---

26. おそらくこの点を端的に示す例は、美濃部達吉と上杉慎吉ということになろう。美濃部は政体の視点から体制を位置づけ、上杉は体制の視点から政体を位置づけた。

るところであるが、本章の紙幅は尽きつつある。

　いま述べたことを要約するなら、近代日本が明に暗に自称してきた知的ハイブリディティは、国内類推ならぬ「植民地類推（colonial analogy）」という思考様式を下敷きにしない限り成立し得ないことになる。この「植民地類推」という考えは、植民地ではない自らをあたかも植民地と同じ立場に立たされたものとして扱い、その地点から自らや他者、そしてとりまく環境を（再）構成してゆく営みを意味する。この思考と実践は、おそらく多分にユニークである。なぜなら、現実に植民地となった地域でこの思考はもはや類推ではなく日々の経験となり（したがって「類推」はできなくなる）、一方でこの類推を可能にするためには、既に完成している自己や世界のあり方を所与のものとして受け入れることがゆるされなくなるからである。つまり、「植民地類推」は「周辺」においてはその周辺性ゆえに、「中心」においてはその中心性ゆえに、無理なのである。両者いずれをも経験しつつ、両者いずれにも属さないという絶妙の位置づけが、ここで求められる。「準周辺」という言葉よりは、「ハイブリッド」という言葉の方が、より適切だと思われる理由はここにある。

　その上で最後に、この「植民地類推」が何を求めたのかについて一考して、論を終えることにしよう。結論だけをいうならば、それは「世界」への昇華である。多様な世界観が併存するなかで、より高い次元の「世界」へと昇華するという意味である。当然、より高い次元の「世界」が、今まで述べてきた「世界」といかなる意味で異なるのかを明らかにする必要があるし、何よりそれが近代日本の国際関係論でどう表現されたのかを示さなければならない。ただ偶然にも筆者は、先回りする形で、既にある程度の道筋をつけている（池田 2017）。つまり近代日本の国際関係論は、「植民地類推」が求めたより高い「世界」への昇華を、「世界国家」「世界社会」「世界政府」という3つのイメージで示そうとしたのである。ただそこでは、「植民地類推」という、本章が最後にたどり着いた考えが具体的にどんな影響をふるったのか、そしてなにゆえに「世界国家」「世界社会」「世界政府」というイメージに結実したのかがまだ分からない。したがって次に考えるべきは、この類推を土台に、近代日本がいかに「世界」を構想したかということになるかもしれない。そしてこの論考が形になるならば、

それは、今から30年近く前に公にされたタイトルは似ているが対をなしうる研究と、併読されることにもなるだろう（Suganami 1989）。すなわち次なる議論は、「植民地類推と世界秩序論の構想（The Colonial Analogy and World Order Proposals）」である[27]。

---

27. 酒井（2006）の内容は、このタイトルに近い。ただ「植民地類推」という考え方を導入した論考ではないだけである。なお、酒井の著作とほぼ同時期に、近代国際社会が水平的国際秩序と垂直的帝国秩序の二重構造であった点が論じられている（Keene（2002））。

参考文献

Ashley, Richard.(1981). 'Political Realism and Human Interests' *International Political Quarterly*, 25-2, pp. 204-236.
Baylis, John, Steve Smith and Patricia Owens (eds.)(2023). *The Globalization of World Politics* (9th edition)(Oxford: Oxford University Press).
Bull, Hedley. (1977). *The Anarchical Society : A Study of Order in World Politics* (London: Macmillan).
Burchill Scott et al.(2013). *Theories of International Relations* (5th edition)(London: Palgrave).
Butterfield, Herbert.(1966). 'Balance of Power' in Butterfield and Wight (eds.), pp. 132-148.
Carr, Hdward Harrett (1939=2001). *The Twenty Years' Crisis* (London: Palgrave).
Chen, Ching-Chang (2011). 'The Absense of Non-Western International Relations Theory in Asia Reconsidered', *International Relations of the Asia-Pacific*, 11-1, pp. 1-23.
Cox, Robert.(1981). 'Social Forces, States and World Orders: Beyond International Relations Theory', *Millennium*, 10-2, pp. 127-155.
Drinkwater, Derek.(2005). *Sir Harold Nicholson and International Relations : the Practitioner as Theorist* (Oxford: Oxford University Press).
Dunne, Tim.(1998) *Inventing International Society* (London: Palgrave).
――――, and Milja Kurki and Steve Smith (2007=2021). *International Relations Theories: Discipline and Diversity* (Oxford: Oxford University Press).
イーストン、デヴィッド（山川雅巳訳）(1976).『政治体系』ぺりかん社。
Edkins, Jenny and Maja Zehfuss (eds.)(2008=2019). *Global Politics : A New Introduction* (Abingdon: Routledge).
Goto-Jones, Christopher (2005). *Political Philosophy in Japan : Nishida, the Kyoto School and Co-prosperity* (Abingdon: Routledge).
廣松渉 (1989).『〈近代の超克〉論 昭和思想史への一視角』講談社学術文庫版。
堀真琴 (1926).「科学としての政治学」吉野作造（編）『政治学研究 第1巻』岩波書店、47-77頁。

池田丈佑（2017）.「近代日本における超国家思想―世界国家、世界社会、世界政府」大庭弘継（編）『超国家権力の探究：その可能性と脆弱性』南山大学社会倫理研究所。

―――.（2024）.「訳者解説」マーティン・ワイト（大中、佐藤ほか訳）『パワー・ポリティクス』日本経済評論社、近刊。

今井宏平（2017）.『国際政治理論の射程と限界』中央大学出版部。

伊藤正巳（1954a）.『イギリス公法の原理』弘文堂。

―――.（1954b）.『法の支配』有斐閣。

Jackson, Robert, Georg Sørensen and Jørgen Møller（2019）. *Introduction to International Relations*（7th edition）（Oxford：Oxford University Press）.

筧克彦（1936）.『大日本帝国憲法の根本義』岩波書店。

神川彦松（1926）.「民族主義の考察」吉野（編）、417―491頁。

―――.（1927=1966）.『国際連盟政策論』（『神川彦松全集　第1巻』所収）勁草書房。

―――.（1947=1966）.『近代国際政治史』（『神川彦松全集　第2巻』所収）勁草書房。

鴨武彦・山本吉宣（編）（1979）.『相互依存の国際政治学』有信堂高文社。

―――.（編）（1988）.『相互依存の理論と現実』有信堂高文社。

河上徹太郎（1979）.『近代の超克』冨山房百科文庫。

川田侃（1963）.『帝国主義と権力政治』東京大学出版会。

Keene, Edward（2002）. *Beyond the Anarchical Society：Grotius, Colonialism and Order in World Politics*（Cambridge：Cambridge University Press）.

岸本廣大（2021）.『古代ギリシアの連邦』京都大学学術出版会。

喜多康夫（2006）.「ハーシュ・ローターパクトの国際法の完全性論再考」『帝京法学』24（2）、65-127頁。

Lasswell, Harold. and Myres S. McDougal.（1992）. *Jurisprudence in a Free Society：Studies in Law, Science and Policy*, Two volumes（Dordrecht：Martinus Nijhoff）.

Lauterpacht, Hersch.（1927）. *Private Law Sources and Analogies in International Law：With Special Reference to International Arbitration*（London：Longman and Green）.

―――.（1933）. *The Function of Law in International Community*（Oxford：The Clarendon Press）.

―――.（1946=1975）. 'The Grotian Conception of International Law', in Elihu Lauterpacht (ed.). *Collected Works of Hersch Lauterpacht*（Volume II）,（Cambridge：Cambridge University Press）, pp. 307-365.

Low, Polly.（2007）. *Interstate Relations in Classical Greece：Morality and Power*（Cambridge：Cambridge University Press）.

牧健二（1943）.『増訂　日本国体の理論』有斐閣。

Manning, C. A. W.（1962）. *The Nature of International Society*（New York：John Wiley and Sons）.

丸山真男（1947＝2014）「科学としての政治学」、丸山『政治の世界』岩波文庫所収。

松下正寿（1942）.『米州広域国際法の基礎理念（大東亜国際法叢書第2巻）』有斐閣。

McDougal, Myres. et al.（1960）. *Studies in World Pubic Order*（Ithaca：Yale University Press）.

———. and Florentino Feliciano（eds.）（1961）. *Law and Minimum World Public Order：The Legal Regulation of International Coercion*（Ithaca：Yale University Press）.

———. Harold Lasswell and James C. Miller（eds.）（1967）. *The Interpretation of Agreements and World Public Order*（Ithaca：Yale University Press）.

———. Harold Lasswell and Lung-chu Chen（eds.）（1977）. *Human Rights and World Public Order：The Basic Policies of an International Law of Human Dignity*（Ithaca：Yale University Press）.

美濃部達吉（1932）.『憲法撮要（改訂第五版）』有斐閣。

宮沢俊義（1970）.『天皇機関説事件―史料は語る（上）（下）』有斐閣。

Morgenthau, Hans.（revised by Kenneth W. Thompson）（1948=1985）. *Politics Among Nations：The Struggle for Power and Peace*（New York：Alfred A. Knopf）.

南原繁（1926）.「カントに於ける国際政治の理念」吉野（編）『政治学研究　第1巻』所収、492-564頁。

———.（1971）.『政治哲学序説（南原繁著作集　第5巻）』岩波書店。

大澤章、清宮四郎、黒田覚、矢部貞治、横田喜三郎（1932）.『ケルゼンの純粋法学』大畑書店。

岡義武（1955=1992=2009）『国際政治史』岩波現代文庫。

尾佐竹猛（1932）『近世日本の国際観念の発達』共立社。

Porter, Brian. (1972). *The Aberystwyth Papers : International Politics 1919-1969* (Oxford : Oxford University Press).

Qin, Yaqing (2018). *A Relational Theory of World Politics* (Cambridge : Cambridge University Press).

蠟山政道（1925=1979）.『政治学の任務と対象』中公文庫版。

―――.（1928）.『国際政治と国際行政』厳松堂書店。

―――.（1949=1968）.『日本における近代政治学の発達』ぺりかん社版。

酒井哲哉（2006）.『近代日本の国際秩序論』岩波書店。

Schmidt, Brian. (1998). *The Political Discourse of Anarchy : A Disciplinary History of International Relations* (New York : State University of New York Press).

Schweizer, Karl. W. and Paul Sharp (2007). *The International Thought of Herbert Butterfield* (London ; Palgrave).

Shimizu, Kosuke (2022). *The Kyoto School and International Relations : Non-Western Attempts for a New World Order* (London : Routledge).

信夫淳平（1925a）.『国際政治の進化及現勢（国際政治論争第1巻）』日本評論社。

―――.（1925b）.『国際政治の綱紀及連鎖（国際政治論叢第2巻）』日本評論社。

Suganami, Hidemi (1989). *The Domestic Analogy and World Order Proposals* (Cambridge : Cambridge University Press).

田中明彦（1989）『世界システム』東京大学出版会。

―――.（2000）.「序章　国際政治理論の再構築」『国際政治』124, 1-10頁。

―――・山本吉宣（1992）.『戦争と国際システム』東京大学出版会。

梅棹忠夫（1967）.『文明の生態史観』中央公論社。

Vollenhoven, Cornelis van. (1936). *Laws of Peace* (London : Macmillan).

Waltz, Kenneth. N. (1979). *Theory of International Politics* (New York : Random House).

Webster, Charles K. (1961). *The Art and Practice of Diplomacy* (London : Chatto & Windus).

Wight, Martin. (1966a). 'Why Is There No International Theory ?' Herbert Butterfield and Martin Wight (eds.) *Diplomatic Investigations : Essays in the Study of International Politics* (London : Allen and Unwin), pp. 17-34.

―――.(1966b)'Balance of Power' in Butterfield and Wight（eds.）, pp. 149-175.

Wright, Quincy.(1916). *The Enforcement of International Law through Municipal Law in the United States*（Urbana, IL：University of Illinois）.

―――.(1942). *A Study of War*, Two volumes,（Shicago, IL：University of Chicago Press）.

山本吉宣（1989）.『国際的相互依存』東京大学出版会。

―――・薬師寺泰蔵・山影進（編）（1984）.『国際関係理論の新展開』東京大学出版会。

安井郁（1942）.『欧州広域国際法の基礎理念（大東亜国際法叢書第1巻）』有斐閣。

吉川直人・野口和彦（編）（2015）『国際関係理論』勁草書房。

Zimmern, Alfred.(1911). *The Greek Commonwealth*（Oxford：Clarendon Press）.

第2章

国際社会の「拡大」再考——英国学派と国際機構論の邂逅に向けた予備的作業

千知岩 正継

はじめに[1]

　従来、英国学派と国際機構論は、国際社会の組織化や国際制度の役割に対する強い関心を共有しながらも、相互に知的な刺激を与えあう関係にはなかった。たとえば、英国学派の創設者たちは、国際連盟（以下、連盟）や国際連合（以下、国連）について散発的に興味深い指摘をすることはあっても、格段の学問的関心を寄せてはいなかった[2]。マーティン・ワイトやヘドリー・ブルにしてみれば、国際社会の存続にとって不可欠なのは、主権や外交、国際法、勢力均衡、戦争、大国の特別な役割などの、ヨーロッパ国際社会の長きにわたる慣行を通じて発展した基礎的制度であったからだ。他方で連盟や国連を初めとする国際機構は、国際社会において二次的な重要性しかもちえない「みせかけの制度」と位置づけられていた（ブル 2000：xxii）[3]。次に国際機構論に目をむけると、戦後の多面的で複雑な国際機構現象を抽象化・概念化して分析するのに使えるツールとして体系書の多くが参照するのは、リアリズムやリベラリズム、コンストラクティビズムといった主要な国際関係理論である。もちろん、テキストによっては、これに機能主義や新機能主義、グローバル・ガバナンス論が加わる。いずれにしても一般的にいえば、国際機構論のテキストの多くは、国際機構と国際社会の相互作用を繰り返し強調するものの、国際社会に関する豊穣な

1. 本稿は、日本国際政治学会2020年度研究大会、〈E-1　欧州国際政治史・欧州研究分科会Ⅲ：グローバル・ヒストリーからみる国際法／国際社会の「拡大」― C. H. Alexandrowiczと英国学派―〉での報告原稿に基づく。
2. 例外としては、国際連盟事務総長エリック・ドラモンドの個人秘書を務めたチャールズ・マニングが連盟と国連について執筆している（Manning 1962；Suganami 2001：94-6；大中 2020：第2章）。またワイトは、安全保障理事会を国連のホッブズ主義的な機関であると指摘したほか（ワイト 2007：43-5）、『パワー・ポリティクス』では連盟（19章）と国連（20章）にそれぞれ1章を当てて論じていた（Wight 2002）。ブルについては、国際世論と国際機構との関係を扱った論考がある（Bull 1958）。
3. もっとも、晩年のブルは、国連に対する欧米諸国の懐疑的・敵対的な姿勢を批判し、国連への積極的関与が長期的な利益に適うこと、国際関係におけるアナーキーの増大を阻むには国連の役割を維持・拡大する必要があることなど、国連の意義を相対的に高く評価するようになっている（Bull 1983：130）。

研究成果を生み出す英国学派を等閑視してきたわけである。こうした双方の相互不通は、ほとんど問題とされることなく今日まで続いてきたといえよう。

　ところが近年になり、英国学派と国際機構論との邂逅につながる一連の研究が現れた。それらは、英国学派の国際制度論と呼びうるもので、大きく2つの特徴を示している（Falkner and Buzan 2019；Friedner Parrat 2017；Knudsen and Navari 2019；Schouenborg 2011；2014；Spandler 2015；Wilson 2012；安高 2013；小松 2018）。一つは、第一次制度（primary institutions）と第二次制度（secondary institutions）という独自の術語を用いて国際制度を分類し考察することである[4]。ここにいう第一次制度とは、国際社会の構成員に共有される価値に根差し、長期にわたり徐々に進化してきた持続的な実践を指す（Buzan 2004：167, 181-2；ブザン 2016：21-2）。第一次制度の要諦は、国際社会の構成員たる国家の基本的性格とその正当な振る舞いの基準を定め、国際社会そのものを成り立たせるところにある（ブザン 2016：21；Knudsen 2019：28-9）。国際社会の第一次制度の典型例を挙げるなら、主権の相互承認、国際法、外交、勢力均衡、戦争、大国の管理がある（Knudsen 2019：33-8；ブル 2000）。もっとも、この制度のリストは国際社会の発展に応じて増減することに注意しておきたい。たとえば、国家間の連帯が増す20世紀後半以降のグローバル国際社会では、人間の平等や人権、市場、環境保護、民主主義などがリストの追加候補となる（ブザン 2016：216-24）。逆に、帝国主義や植民地主義、人間の不平等、王朝原理など、今となっては廃れてリストから外れたものもある（ブザン 2016：141-5）。もう一方の第二次制度とは、国連や欧州連合、世界貿易機関、核不拡散体制など、諸国家が特定の目的のために意識的に設立した国際機構や国際レジームを意味する（Buzan 2004：164；ブザン 2016：22）。そして二種類の制度の基本的関係についていうなら、第一次制度は第二次制度を構成すると理解されている（Knudsen 2019：40-3）。一例をあげると、国連の安全保障理事会という第二次制度は、大国の管理という第一次制度を基礎として成立・

4.　この制度の分類について、最初に導入したのはBuzan（2004：ch. 6）だと考えられがちだが、実際の考案者はMakinda（2002：366-7）のようである。

機能する。

　英国学派の国際制度論にみられるもう一つの特徴は、第二次制度たる国際機構を国際社会論のなかに適正に位置づけようとする研究が出始めていることだ。その先鞭をつけるのが、トニー・クヌーセンとコーネリア・ナヴァリの編集による『アナーキカル・ソサイエティにおける国際機構』（Knudsen and Navari 2019）である。本書は、第一次制度と第二次制度の相互構成を前提に、国際社会の第一次制度としての制裁と国連安保理の関係、気候変動対策における大国の責任、世界貿易機関にける規範の競合、地域的国際社会の第一次制度と第二次制度の連関性などの問題を扱う。また編者であるクヌーセントとナヴァリはそれぞれ、制度の持続と変化に関するプレセオリー、第一次制度と第二次制度の相互連関性を示した複合モデル（composite model）といった具合に国際制度論の刷新を試みている（Knudsen 2019；Navari 2019）。

　英国学派の国際制度論という研究動向は、長らく相互不通にあった国際機構論との架橋を可能にするものであり、大いに歓迎したい。もっとも、同時に、この新しい研究に諸手を挙げて追随してばかりもいられない。英国学派と国際機構論はともに、ヨーロッパ中心主義に根ざした国際社会の概念や歴史解釈を多少なりとも共有しており、この傾向が維持される限りでは相互学習の発展が阻害されてしまうからだ。なお、ヨーロッパ中心主義と一口に言っても、その意味するところは分野や文脈によって異なる。そこで本稿では、現代のグローバル国際社会が専ら近代ヨーロッパの経験に由来した事象であると自明視する傾向としてヨーロッパ中心主義を理解しよう。

　かような意味でのヨーロッパ中心主義が端的に現れているのが、英国学派の創設者たちが紡いだ国際社会拡大の物語、つまり拡大命題（expansion thesis）である。その要旨は次のようにまとめられるだろう。すなわち、主権国家から成る現代のグローバル国際社会は、ヨーロッパ優位の国際社会が近代以降に世界全体を席巻した所産であり、その拡張過程には植民地支配がつきものだったが、しかし全体としては世界に一定程度の秩序と正義をもたらした、と。こうした国際社会の歴史解釈は、程度差こそあれ国際関係論全体に広くみられるもので、国際機構論にも当てはまる。というのも、国際機構論では、20世紀の国際機構

現象に至る国際的組織化プロセスの起点を19世紀初頭のヨーロッパ国際社会に設定するのが通説だからだ（Claude 1971：ch. 2）。それでは、ヨーロッパ中心主義的な国際社会の歴史解釈の何がいったい問題なのか。簡潔に答えるなら、こうした通俗的な歴史解釈からは、国際法や外交に根ざした多様な政体間のグローバルな社会的交流がすっぽり抜け落ちてしまう、ということである。しかも、この見落とされがちなグローバルな社会的交流の諸相は、今後のグローバル秩序における第一次制度と第二次制度の機能や相互連関を考察していく上で重要なヒントの一つになるのではないか、というのが本論文の問題関心である。

そこで本稿は、英国学派と国際機構論との相互学習を促すための予備的作業として、双方の研究に共通する国際社会の歴史解釈を再検討する。以下の構成で論を進める。最初の二つの節では、現代のグローバル国際社会成立に関する二つの競合し合う歴史解釈をとりあげる。とくに、「現代のグロティウス」とも称される国際法学者C. H. アレクサンドロヴィッチに着目したい。第三節では、アレクサンドロヴィッチの国際法史研究が提示する多様な政体間の社会的交流をどう概念化するのかという問題を検討する。最後に本報告の議論を要約して締めくくる。

1. 拡大命題とヨーロッパ中心主義

拡大命題は、ブルの『国際社会論─アナーキカル・ソサイエティ─』で本格的に開陳され（2000：35-49）、ゲリット・ゴングの『国際社会における「文明国」標準』（Gong 1984）、ブルとアダム・ワトソンの共同編集による『国際社会の拡大』（Bull and Watson 1984）で一応の完成を迎える。これらの作品を通して論じられる拡大命題の要諦は、次のようなものである。すなわち、19世紀以前に世界各地域に存在した種々の国際システムを一つのグローバルな国際社会へと編成したのは、15世紀後半に始まるヨーロッパ国際社会の拡大である、と。グローバル国際社会形成におけるヨーロッパの主導性をブルが以下のごとく端的に述べている。

世界的な広がりをもつ国際社会の形成にヨーロッパのはたした役割が特別なものであったことは否定できない。それどころか、世界全体で支配的な地位を占めるようなったのは、アジア・アフリカ諸国でなければ、米州諸国でもなく、ヨーロッパの国々にほかならなかった。世界各地の独立した政治共同体に相互関係の基礎として受けいれられるようになったのは、法的に平等な主権国家から成る国際社会というヨーロッパの概念であった（Bull 1984：123-4）。

　拡大命題によれば、現在のグローバル国際社会に到るプロセスは、大きく分けて三段階で進行したと考えられる[5]。15世紀から19世紀前半にかけての第1段階では、ヨーロッパにおいて国際社会が生成し定着した。これには、国家間の共存を可能にする基礎的制度、すなわち主権の相互承認、国際法、外交、戦争、勢力均衡、大国の管理といった第一次制度の形成と発展がともなう。

　次の段階は19世後半から20世紀前半におよぶ期間である。このフェーズでは、ヨーロッパ諸国の物質的な優位の下で世界が経済的・技術的に一体化するとともに、ヨーロッパ国際社会が世界へ拡張する。もっとも、この時点で普遍的国際社会が成立したのではない。米州諸国など一部を除くと、非ヨーロッパ諸国が国際社会に新規参入するには、ヨーロッパ列強が設定した文明国標準という厳格な基準を満たさなければならない。その結果、アジア・アフリカ諸国の多くはヨーロッパ列強の植民地支配下に置かれることになった。

　そして20世紀後半に最終段階が訪れる。二度の世界大戦と脱植民地化を経てアジア・アフリカ諸国が独立し、欧米諸国と対等な存在として承認されることで、全世界をあまねく包摂するグローバル国際社会がようやく成立した。現代の国際社会は、ヨーロッパ文明という共通基盤が失われ、かつ第三世界の「西洋に対する反乱」や東西冷戦を内包する点で脆弱でながらも、かろうじて持ちこたえている。

　これが1980年代半ば頃までのグローバル国際社会形成に関する拡大命題の

5.　国際社会の拡大が三段階で進んだとする着想は、Buzan and Little（2014：61）。

概要であり、この命題からは近代ヨーロッパ中心主義が明確に読みとれる。以下では、こうした国際社会の歴史解釈を再考し修正するための手がかりとして、近年再評価の機運が高まっている国際法学者C. H. アレクサンドロヴィッチを召喚しよう。

2. アレクサンドロヴィッチ命題

チャールズ・ヘンリー・アレクサンドロヴィッチは、ポーランド系イギリス人の国際法学者・法律家である[6]。その研究業績は幅広く多岐にわたるが、アレクサンドロヴィッチの代名詞といえるものは、『16、17、18世紀の東インドにおける国際法の歴史序説』(1967年) と『ヨーロッパとアフリカの対立―条約作成の研究―』(1973年) の主著2冊に代表される一群の国際法史研究だろう (Alexandrowicz 1967；1973；2017)。というのも、アレクサンドロヴィッチは、膨大な古典文献・公文書調査を通じて、非ヨーロッパ世界における国際法の歴史研究を開拓し、かつヨーロッパ中心主義の通俗的な国際法史に対抗する普遍的な「諸国民の法」の歴史を提示したからである。こうした理由から、アレクサンドロヴィッチによる一連の国際法史研究に通底する議論、すなわちアレクサンドロヴィッチ命題 (Alexandrowicz thesis)[7]は注目に値しよう。

かいつまんでいえば、アレクサンドロヴィッチ命題は、相互に関連した三つの主張で成り立つ[8]。第1に、自然法に基づく「諸国民の法 (law of nations)」をバックボーンとした普遍的な「諸国民の家 (family of nations)」が18世紀頃には成立したとみなしうる、ということである。しかも、この普遍的国際社会は、人種・文化・宗教の差異に寛容であり、ヨーロッパ諸国のみならずアジア・ア

---

6. アレクサンドロヴィッチの生涯と研究・教育歴については、アーミテイジとピッツ (2020)。
7. この言い回しは、Bull (1980：178) とWight (1977：118) で用いられている。
8. この命題については、アレクサンドロヴィッチ［大中 他訳］(2020) に所収の以下の論考に依拠している。「アジアにおける『万民法』と自然法 (1965-66年稿)」、「アジアにおける『諸国民の法』の歴史に関わる諸問題 (1963年稿)」、「『諸国民の法』の普遍性に関する学説の諸相」(1961年稿)、「条約によるアフリカの分割」(1974年稿)。

フリカの諸国や統治者などの多様な政体を構成員とする多元主義的な社会であるとされた。持説を裏付けるためにアレクサンドロヴィッチは、グロティウス、オムプテダ、ズーラント、マルテンス、ユスティ、ヴァッテルなど多数の古典的な国際法学者の自然法論の中に、「諸国民の家」と「諸国民の法」の普遍性という観念を探っている。もっとも、この普遍的国際社会を束ねるのは、全ての諸国に無差別に適用される自然法だけではなく、商業・外交上の慣行や実定法でもある。当時のヨーロッパ諸国はこぞって、世界交易で経済的・戦略的利益を確保するために、オスマン帝国やシャム、ペルシア、中国、アフリカ諸国との間で条約や外交関係を積極的に結んでいたからだ。その最も重要な証拠として参照されているのが、ポルトガルやオランダ、イギリスなどのヨーロッパ各国が東インドでの貿易をめぐり現地の諸国や統治者たちと結んだ数々の条約と外交関係である。そして東インド貿易関連の条約のなかでもとりわけ、1779年締結のマラーター—ポルトガル間の条約の有効性がインド領通行権事件に関する国際司法裁判所（ICJ）判決で認められた意義を、アレクサンドロヴィッチは繰り返し強調する。なお、同様の議論は、19世紀中葉までのヨーロッパ—アフリカ間の交流と条約・外交関係に関しても展開されている。要するに、アジアやアフリカの多様な国家や統治者は、「諸国民の法」の下、条約締結や外交関係、戦争や講和、貿易などの事項に関して法主体性を認められていたわけである。このように、「現代のグロティウス」とも呼ばれる国際法学者による一群の歴史研究は、外交と国際法（「諸国民の法」）によって相互合流を処理するグローバル国際社会（普遍的な「諸国民の家」）が観念と国家実行の両面で18世紀には存在していたことを詳細に物語っている。

　ところが、19世紀前半を境にして欧米の国際法学者のイデオロギーが自然法論から実定法主義へと移行した結果、国際法と国際社会に関する普遍主義的な観念は後景に退くことになった。これがアレクサンドロヴィッチ命題の第2の主張である。すなわち、1815年のウィーン会議でヨーロッパ協調が成立した頃、実定法のみに基づくヨーロッパ国際法（またはヨーロッパ公法）へと自然法中心の普遍的な「諸国民の法」が様変わりしたのである。これにともない、アジア・アフリカ諸国は、それまで享受していた国際法主体性を制限ないし剥

奪されただけでなく、その多くがヨーロッパ列強による植民地支配を強いられた。植民地支配を逃れた国家はというと、国際社会への新規参入者の地位へと格下げされた。そして新規参入者を審査するゲートキーパーを務めたのはヨーロッパ列強であり、しかも審査基準として参照されたのはヨーロッパ文明にほかならない。こうした国際法と国際社会の変容を象徴的に表すものとして詳細に論じられているのが、カピチュレーションの位置づけの変化とベルリン会議（1884～1885年）によるアフリカ分割である。アレクサンドロヴィッチにしてみれば、相互に対等なヨーロッパ―アフリカ間の交流を規律・調整した条約が、ベルリン会議にあっては、ヨーロッパ列強がアフリカ大陸を分割して「植民地支配を浸透させる道具」へと退化していった。

　同じことはカピチュレーションにも当てはまる。補足しておくと、カピチュレーションとは、国家が領事裁判権を含む通商特権を自国内の外国商人に対して付与する協定である。アレクサンドロヴィッチがいうには、外国商人やその居留地に通商特権や裁判特権を付与すること自体は元来、アジアやアフリカの伝統や慣習に根ざすものである。そして中国や東インド、アフリカにおけるカピチュレーションは当初、現地の諸国や統治者がヨーロッパ諸国と対等な立場で締結した条約にもとづくものであり、なかには互恵規定を含むものもあった。ところが19世紀半ばになると、こうした状況は一変する。すなわち、アジア・アフリカ諸国の文明の劣等性を示す証拠として、またその領域主権を侵害するための手段として、カピチュレーションがヨーロッパ列強に利用されるようになった、とアレクサンドロヴィッチはいう。ここでのポイントは、実定法主義が自然法論に対して優位に立った結果、アジア・アフリカの人びとや社会をヨーロッパ列強が差別・支配する道具へと国際法が成り下がった、と示唆されていることだろう。

　第3の主張は、ポストコロニアル国家の多くが実は厳密な意味での新興国（new states）ではない、というものである。通俗的な見方によると、20世紀後半の脱植民地化によって誕生した、いわゆる「新興国」は、国際社会への新規参入者であって、既存の国際法規則を受容するほかないと考えられた。他方でアレクサンドロヴィッチにいわせるなら、「新興国」と呼ばれるアジア・アフ

リカ諸国については、20世紀後半に初めて主権を獲得したのではなく、つかの間の植民地支配で一時的に停止された主権を回復して国際社会に復帰したとみなされるべきである（Alexandrowicz 1969；1974）。この見解を実証する具体例として引き合いに出されているのが、1968年と69年の国連総会第6委員会でセイロン代表が自国が国連で新興国として処遇されることに抗議し、セイロンは「諸国民の家」の原構成国であると主張したエピソードである（Alexandrowicz 1969：465；1974：227）。

「新興国」の主権や法的地位の問い直しは、「新興国」と国際法との関係にもおよぶ。アレクサンドロヴィッチによると、「新興国」は、国際法の普遍性や自決原則、武力行使禁止原則などの強行規範に拘束される。その反面、欧米諸国が19世紀後半から20世紀前半にかけて形成した慣習国際法について、とくに経済分野での規則には必ずしも従う必要はない。というのも、そのような規則の形成プロセスに「新興国」は参加していなかったからである。この点でアレクサンドロヴィッチがとくに問題視したのは、外国からの多国籍企業や投資家に自国内で特権的待遇を与える国際標準主義であった。欧米諸国に有利な国際法が「新興国」の自決権を脅かしかねないと理解したアレクサンドロヴィッチは、こうした規則の変更を目指す開発途上国が主導する総会決議、つまり「国家の富と資源に対する恒久主権」（1962年12月14日）や「諸国家の経済的権利・義務憲章」（1974年12月12日）の採択を支持している（Alexandrowicz 1974；1975）。

以上がアレクサンドロヴィッチ命題の主たる内容である。こうした拡大命題とアレクサンドロヴィッチ命題という二つの対照的な叙述を、バリー・ブザンが前衛的解釈と融合的解釈という具合に対比させており、興味深い。なお、前衛的とは、ヨーロッパ諸国がはたした中心的役割を強調するとともに、ヨーロッパから他地域への規則・制度・文化の一方的な伝播を指す。これに対して融合的とは、文明間の相互作用および規則・制度・文化の双方向的な伝播を反映している（Buzan 2010）。したがって、世界をグローバル国際社会へと編成する

---

9. 他の拡大命題の一例を挙げると、個人の権利の承認と保護を求める闘争が国際システム拡大の動因であるというクリスチャン・ルース゠スミット（Reus-Smit 2013）の見解がある。

プロセスには、少なくとも二通りの競合する物語がある、ということだ[9]。

3. 国際社会からグローバルな政体間社会へ

　二つの競合する命題を概観して浮かぶ疑問は、どちらに説得力があるか、であろう。もっとも、今ここでこの問いに確定的な答えを出すことは本稿の能力を越える。それに、グローバル国際社会の成立過程に関する叙述にはいくつもバリエーションがあるため、これらを無視したまま二つの命題の優劣に決着をつけるのも妥当ではないだろう。そこで以下では、アレクサンドロヴィッチ命題を旧い世代の英国学派がどのように受け止めたのか、国際社会の脱ヨーロッパ中心主義的な歴史解釈が英国学派と国際機構論の邂逅にどういう含意をもつのか、という二つの問題に焦点を絞って考察・議論したい。

3. 1.　アレクサンドロヴィッチ命題に対する英国学派の批判

　英国学派の主要拠点の一つとなり、『外交学研究』（1966年）や『国際社会の拡大』（1984年）など数々の研究成果を生み出した「国際政治理論に関する英国委員会（British Committee on the Theory of International Politics）」において、アレクサンドロヴィッチの代表的著作『16、17、18世紀の東インドにおける国際法の歴史序説』（1967年）は「異例の反響（unusual echo）」を招いたようである（Vigezzi 2005：82）。その反響の大きさは、後に『国際社会の拡大』につながるブルの研究計画書「ヨーロッパ国際秩序からグローバル国際秩序へ」（1978年10月）がアレクサンドロヴィッチに言及していることからも読み取れる（Vigezzi 2005：426）。もっとも、先述の拡大命題から十分察させられるように、旧い世代の英国学派研究者は、アレクサンドロヴィッチの歴史解釈に概ね批判的であったといわねばならない。

　批判の最右翼であるブルにしてみれば、ヨーロッパの国際システムは当初から国際社会と同義であったが、しかし15世紀後半から19世紀後半のグローバルな相互交流は国際システムを形成したにすぎない。またブルは、ヨーロッパ国際社会における国際法、外交慣例、国際機構、勢力均衡などの規則や制度は

ヨーロッパ諸国がヨーロッパの経験にもとづき創造したものであるとした上で、特に国際法に対する非ヨーロッパ諸国の貢献を否定した（Bull［1980］2000：179）。同趣旨の批判は、ブルがワトソンと共同で編集した『国際社会の拡大』の序論や結論でも繰り返されている（Bull and Watson 1984a；1984b）。そして実定法を重視するブルは、「自然法論に含まれる人類の普遍的国際社会は概念上ないし理論上のものにすぎなかった」とし、普遍的な「諸国民の家」を基礎づける自然法の意義を明確に退ける（Bull 1984：120）。

　ワイトの場合はやや複雑である。ワイトは、アレクサンドロヴィッチ命題が「慎重かつ同情的な精査に値する」としつつ、二方向から批判する。第一に、二重同心円構造を備えた国家システムの段階的な発展を描き出すことで、アレクサンドロヴィッチ命題の修正を試みている。すなわち、近現代の国家システム（つまり国際社会）は、外円たる普遍的国家システムと中心円たる西洋国家システムとで構成されるというのである。補足するなら、中心円では共通文化を基盤とする欧米諸国の密接な結合があり、外円では多様な諸国が緩やかに結合している、ということである。さらにワイトは、「諸国民の家」を多文化的なものとみなすアレクサンドロヴィッチとは全く対照的に、国家システムは同質的な文化を前提条件として成立するとの見方を打ち出す。すなわち、「国家システムは、成員間に一定の文化的統一性がなければ、誕生しないだろう」というわけである（Wight 1977a）。

　このようにみると、英国学派の創設者たちは総じて、アレクサンドロヴィッチ命題の主要な内容を受け入れることはなかった。しかしアレクサンドロヴィッチの著作から相当に知的な刺激を受けて、それが反論を要する重要な研究であると位置づけていたようである。

3.2. 国際システム、国際社会、グローバルな政体間社会

　それでは、アレクサンドロヴィッチ命題はいかなる点で英国学派と国際機構論との邂逅に寄与するのか。当該命題の意義は何よりも、ヨーロッパ中心主義的な国際社会の拡大命題を明確に否定し、多様な政体が主体となるグローバルな社会的交流を浮き彫りにするところにある。まず基本的なこととして、アレ

クサンドロヴィッチ命題が英国学派創設者たちから退けられたのは、ある意味で度を越していたという点につきる。これは、「国家システムの誇張された歴史解釈（今日、政治的には時流に合わない）を矯正するために、［アレクサンドロヴィッチは］別の立場から誇大表現をしている」とワイトが指摘したことからも明白だろう（Wight 1977：118）[10]。なかでもひときわ論争的であり、旧い世代の英国学派の研究者の間で強い批判を引き起こしたのは、国際社会はもともと多文化的なものとして18世紀頃には世界規模で成立していた、という見解である[11]。

この説を特に英国学派創設者たちが頑なに否定するのには、国際システムと国際社会との厳格な概念区分が大いに関係している。そういう訳で、システムと社会に関する英国学派の基本的な考え方を再確認しておこう。

ブルの著名な定義によると、「二カ国以上の国家が、相互に十分な接触をもち、お互いの決定に十分な影響を与え合う結果、それらの国家が—少なくともある程度は—全体の中の部分として振る舞うようになるとき」、国際システムが成立する（ブル 2000：10）。要するに、国際システムとは、国家間の緊密な経済的・戦略的な相互交流を指す。この場合の交流は、あくまでも物理的なものにとどまり、国家間における観念や利益の共有、共通の規則や制度に基づく相互関係の処理といった社会的要素はともなわない。他方で国際社会とは、国家間の社会的な相互交流をあらわすコンセプトである（Buzan 2004；ブザン 2017：15-7）。ブルとワトソンによれば、国際社会とは、「各国の行動が他国の計算に不可欠の要因となるという意味でシステムを形成するばかりでなく、お互いの関係を処理する共通の規則と制度を対話と同意によって定めて、これらの取極の維持に共通の利益をみいだす国家集団—一般的にいえば、独立した政治共同体から成る集団—」である（Bull and Watson 1984a）。以上をふまえるなら、国際システムと国際社会の概念上の関係は、「国際社会＝国際システム＋

---

10. 当該箇所の訳はアーミテイジとピッツ（2020：24）を参照した。
11. その他の論争的かつ重要なトピックとしては、新興国と国際社会との関係がある。この問題に関しては、さしあたり、Hall（2017）、Hurrell（2018）、Newman and Zala（2018）、Stuenkel（2016）を参照。

共通利益・価値の意識＋共通の規則・制度」とあらわせるだろう。つまり、国際社会は必ず国際システムの存在を前提とするが、しかし国際社会ではない国際システムが存在しうる、ということである（Bull [1980] 2000：172)。こうしたシステムと社会の線引きをしたブルとワトソンにしてみれば、アレクサンドロヴィッチのいう18世紀頃の普遍的な「諸国民の家」は国際システムの域を出るものではなかった。

　システムと社会の峻別ないし境界線は、英国学派を語るうえで欠かせない[12]。ワトソンいわく、国際関係理論に対するブルの多大な貢献の最たるものである（Watson 1987：147)。とはいえ、この区分の妥当性に対してはすでにいくつかの批判が提起されている。とくに示唆に富む批判を展開したのは、英国学派のアラン・ジェイムズだろう（James 1993)。ジェイムズはいう。「十分な接触をもち、お互いの決定に十分な影響を与え合う結果、それらの国家が―少なくともある程度は―全体の中の部分として振る舞うようになる」ほどに国家間の相互交流が定期化・緊密化するには、共通利益の意識や共通の規則、それに外交を通じたコミュニケーションが必要不可欠になるはずだ、と。言い換えれば、諸国家は相互交流に共通の利益・価値を見出すからこそ交流を継続させようとし、相互の意思疎通を可能にする共通の規則や制度を定める、ということである。したがって、相互に緊密に交流する国家集団をシステムと社会のいずれかに分類するのは実際には難しい。

　話をアレクサンドロヴィッチに戻そう。実際、アレクサンドロヴィッチのいう18世紀頃の普遍的な「諸国民の家」では、自然法のみならず実定法をも含む国際法と外交によって多様な構成員の相互交流が維持されていた。ブルの定義にしたがうなら、「諸国民の家」は社会と呼ぶに十分に値するのではないか。この点に関連して注意を向けたいのは、国際社会の存在を真っ向から否定しがちなリアリズムに対してワイトが突き付けた反論である。

---

12. 英国学派による国際システム概念の導入の経緯については、Dunne and Little（2014：91-3）とVigezzi（2005）を参照。また、英国学派の国際システム概念は、A. H. L. ヘーレンに由来するが、ヘーレンも含めたドイツ歴史学派の諸国家体系概念を検討している研究として、大原（2017）も参照。

国際社会が存在しているという最も決定的な証拠は、国際法の存在である。あらゆる社会には、社会の成員の権利義務を定めた規則体系としての法が存在する（Wight 2002：107）。

国際社会はたしかに社会だとするさまざまな学説がある。もっとも大切なことの1つは国際制度の存在である。法のあるところに社会があることは明確だ。それと同じく、諸制度のあるところ社会がある（ワイト 2007：188）。

つまるところ、ワイトがいわんとするのは、制度の存在によって、それも国際法の存在によって国家間の社会的関係が特定できる、ということである。

むろん、この文脈でワイトのいう国際法とは、国際法人格を有する国家の権利義務を定め、国家間の関係を規律する実定法にほかならない（Wight 2002：108）。対してアレクサンドロヴィッチのいう普遍的な「諸国民の法」は、自然法と実定法のハイブリッドである。しかも、ムガル帝国やアフリカの統治者など、現代の基準では主権国家とはみなせない政体にも法主体性を認めている。また実定法にしても、その大多数が二国間条約によって占められている点で、19世紀以降の、そして特に20世紀以降に顕著となる多国間条約とは明らかに異なる[13]。とはいうものの、「諸国民の法」における二国間条約も、当事者となる各政体の同意に基づき拘束力を発揮することに変わりない。こう考えるなら、「諸国民の法」は、現代国際法と比べると未発達だったにしても、当時のグローバル国際社会（つまり普遍的な「諸国民の家」）を裏付ける第一次制度であったみなせるのではないか。そして、自然法と実定法から成る「諸国民の法」の存在は、社会的関係の証左といえるのではないか。

アレクサンドロヴィッチの見解を補強するために、グローバル法制史（global legal history）を専門とする歴史家のローレン・ベントンとアダム・クルーロウ

---

13. 条約作成のパターン変化については、Denmark and Hoffmann（2008：188-91）を参照。

による「法的邂逅とグローバル法の起源」を参照したい（Benton and Clulow 2015）。この論考は、アレクサンドロヴィッチの研究を土台としながらも、批判的に発展させたものである。ベントンとクルーロウは、近世（1400年～1800年）を背景に、多種多様な政治共同体間の相互交流を規律する共通の法的実践によって「政体間の関係（interpolity relations）」や「政体間の法（interpolity law）」が成立している様相を描き出す。

　具体的にいうと、二人がフォーカスするのは、アジア・アフリカの諸国や統治者、オスマン帝国、ムガル帝国、明、ヨーロッパ諸国、徳川幕府下の日本などの文化を異にする政体間の交流と、この交流の維持に資する儀礼（protocol）、管轄権（jurisdiction）、保護（protection）といった三種類の法的実践である。なお儀礼は、異国の宮廷で現地の慣習に則って適切に振舞うことを要求するもので、相異なる文化的背景を有する政体同士の外交交渉を成立させるために不可欠の実践であった。次に管轄権は、人や場所、種々の活動に対して行使される政体の法的権威の範囲に関わっている。ベントンとクルーロウにいわせれば、近世の政体は複数の管轄権を有し、しかもその範囲が他の政体と重複・競合するのが普通であったため、外国商人に対するカピチュレーションの付与や条約による管轄権の調整が政体間交流の維持に寄与した。そしてベントンとクルーロウによれば、条約や外交交渉、それに他国への侵略など、政体間関係のありとあらゆる側面に保護をめぐる言説と実践が浸透していた。これに関連して二人が集中的に考察するのは帝国による保護である[14]。帝国は、国内の臣民に対して保護を提供するだけでなく、国内外で宗主―附庸関係にある統治者や小国、貿易相手国に対して朝貢と引き換えに外敵からの保護を約束していたからだ。ベントンとクルーロウは最終的に、儀礼、管轄権、保護の実践が合法的行為に関して政体間に期待の共有を組織化したことで、19世紀頃までは「政体間の関係」や「政体間の法」が存在したと論じる。

　もっとも、共通の法的実践によって政体間に文化横断的な相互理解が成立し

---

14. 政体間関係における帝国による保護の法的実践については、Benton and Clulow（2017）が詳しい。

たわけではないし、政体間関係から対立や争いが一掃されたわけでもない。また、「政体間の法」は参加者すべてに一様に利益をもたらしたのでもない。ベントンとクルーロウの見立てでは、「政体間の法」で最大の受益者となったのは、海外交易の法的な立場を確立・維持するために既存の法的な概念や慣例を操作するのに長けたヨーロッパ人であった（Benton and Clulow 2015：82-3）。しかも19世紀に入ると、管轄権をめぐる対立の激化のために、法的権威の独占に対する国家の要求が強まり、治外法権などの「政体間の法」の実践が欧米諸国による海外支配の道具へと変化していった、と示唆されている（Benton and Clulow 2015：82-3, 99）。このような留保を付す必要があるものの、「政体間の関係」や「政体間の法」と認識しうる枠組みが近世のグローバルな政体間交流を構成していたのは間違いなさそうである。

　今一度話を戻したい。普遍的な「諸国民の家」や「諸国民の法」と呼ぶにせよ、あるいは「政体間の関係」や「政体間の法」と呼ぶにせよ、アレクサンドロヴィッチならびにベントンおよびクルーロウの研究から浮かび上がるのは、政体間のグローバルな社会的関係にほかならない。その上で、こうした事象を、旧世代の英国学派研究者のように国際システムと特徴づけるのは、先述したとおり、相当に無理があるだろう。かといって、国際社会と呼ぶのも今一つ釈然としない感じがする。国際社会というと、相互に対等な主権国家で構成されるアナーキカル・ソサイエティが連想されるからだ。そこで、ベントンとクルーロウの議論も参考にして、多様な政体が織りなす世界的な社会的交流をひとまず便宜的に「グローバルな政体間社会」と呼んでおこう。その上で補足すると、グローバルな政体間社会は、国際社会とは異なり、多様な政体を構成員とし、しかも法に基づく構成員間のハイアラーキーな関係をも含むと解される。さらにグローバルという冠は、地理的な広がりだけを含意するのではなく、交流に参加する政体の文化的多様性を指している。その呼称に賛同するかどうかは別としても、このように理解されるグローバルな政体間社会は、旧い英国学派と既存の国際機構論では捉えられない事象、営為である。そして、忘れられた国際法学者であるアレクサンドロヴィッチによる「諸国民の家」や「諸国民の法」に関する研究を再発見することで、従来のヨーロッパ中心主義的な国際社会観で

忘却されたグローバルな政体間交流にアプローチすることが可能となるだろう。

おわりに

　本論では、英国学派と国際機構論との接点が生まれつつある現状に鑑み、双方に共通する国際社会の歴史解釈を再検討した。その過程で、拡大命題とアレクサンドロヴィッチ命題という二つの競合し合う歴史解釈を概観し、18世紀頃には普遍的な「諸国民の家」と「諸国民の法」が存在したとするアレクサンドロヴィッチの説には説得力があることを論じた。これをふまえて、アレクサンドロヴィッチ、ベントンとクルーロウの研究が提示する多様な政体間の世界大の相互交流がグローバルな政体間社会として把握できるのではないかと示唆したところである。

　最後に、こうしたグローバルな政体間社会が英国学派と国際機構論の架橋にもつ意義を手短にまとめておこう。それはすなわち、英国学派と国際機構論が共通して焦点を当てる19世紀のヨーロッパ国際社会に先立って、多様な政体の相互交流を法と外交によって組織化する営為がグローバルにみられた、ということである。この組織化プロセスは、19世紀から現在に続く国際的ないしグローバルな組織化と比べれば見劣りするかもしれない。それに、20世紀の国際機構現象に直結しているわけでもない。しかし、文化的背景を異にする政体間の関係に一定の秩序をもたらしたことは間違いないだろう。そしてもう一点付言すれば、欧米諸国のヘゲモニーが衰退し、新興諸国の主体性や政治経済的・文化的な影響力が増していく今後のグローバル秩序を構想していくうえで、グローバルな政体間社会は重要な理念型の一つになりうるのではないか。こう考えると、アレクサンドロヴィッチならびにベントンおよびクルーロウの研究を通じて、現代の国際社会やその秩序様式とは異なるグローバルな政体間社会を把握しておくことは、英国学派と国際機構論が相互に学習し、国際制度や国際機構に関する研究を前進させるうえで必須だと思われる。

参考文献

Alexandrowicz, C. H. (1967). *An Introduction to the History of the Law of Nations in the East Indies：(16th, 17th and 18th Centuries)*. Oxford：Clarendon Press.

———. (1969). "New and Original States." *International Affairs* 45（3）：465-80.

———. (1973). *The European-African Confrontation：A Study in Treaty Making*. Leiden：Sijthoff.

———. (1974). "The New States and International Law." *Millennium - Journal of International Studies* 3（3）：226-33.

———. (1975). "The Charter of Economic Rights and Duties of States." *Millennium - Journal of International Studies* 4（1）：72-4.

Alexandrowicz, C. H. (2017). *The Law of Nations in Global History*. eds. David Armitage and Jennifer Pitts. Oxford：Oxford University Press.

Benton, Lauren, and Adam Clulow. (2015). "Legal Encounters and the Origins of Global Law." In *The Cambridge World History*, eds. Jerry H. Bentley, Sanjay Subrahmanyam, and Merry E. Wiesner-Hanks. Cambridge University Press, 80-100.

———. (2017). "Empires and Protection：Making Interpolity Law in the Early Modern World." *Journal of Global History* 12（1）：74-92.

Bull, Hedley. (1958). "World Opinion and International Organization." *International Relations* 1（9）：428-39.

———. ([1980]2000). "The European International Order." In *Hedley Bull on International Society*, eds. Kai Alderson and Andrew Hurrell. Basingstoke：Macmillan, 171-87.

———. (1983). "The International Anarchy in the 1980s." *Australian Outlook* 37（3）：127-31.

———. (1984). "The Emergence of A Universal International Society." In *The Expansion of International Society*, eds. Hedley Bull and Adam Watson. Oxford：Clarendon, 117-26.

Bull, Hedley, and Adam Watson. (eds.)（1984）. *The Expansion of International Society*, eds. Hedley Bull and Adam Watson. Oxford：Clarendon.

———.(1984a). "Introduction." In *The Expansion of International Society*, eds. Hedley Bull and Adam Watson. Oxford：Clarendon, 1-9.

———.(1984b). "Conclusion." In *The Expansion of International Society*, eds. Hedley Bull and Adam Watson. Oxford：Clarendon, 425-35.

Buzan, Barry.(2004). *From International to World Society？English School Theory and the Social Structure of Globalization.* Cambridge：Cambridge University Press.

———.(2010). "Culture and International Society." *International Affairs* 1（1）：1-26.

Buzan, Barry, and Richard Little.(2014). "The Historical Expansion of International Society." In *Guide to the English School in International Studies*, eds. Cornelia Navari and Daniel M. Green. Chichester：Wiley Blackwell, 59-75.

Claude, Inis L.(1971). *Swords into Plowshares：The Problems and Progress of International Organization.* 4th ed. New York：Random House.

Denemark, Robert. A., and Matthew J. Hoffmann.(2008). "Just Scraps of Paper？：The Dynamics of Multilateral Treaty-Making." *Cooperation and Conflict* 43(2)：185-219.

Falkner, Robert. and Barry Buzan.(2019). "The Emergence of Environmental Stewardship as a Primary Institution of Global International Society." *European Journal of International Relations* 25（1）：131-55.

Friedner Parrat, Charlotta.(2017). "On the Evolution of Primary Institutions of *International Society.*" *International Studies Quarterly* 61（3）：623-30.

Gong, Gerrit. W.(1984). *The Standard of "Civilization" in International Society.* Oxford：Clarendon.

Hall, Ian.(2017). "The 'Revolt against the West' Revisited." In *The Globalization of International Society*, eds. Tim Dunne and Christian Reus-Smit. Oxford：Oxford University Press, 345-61.

Hurrell, Andrew.(2018). "Beyond the BRICS：Power, Pluralism, and the Future of Global Order." Ethics & International Affairs 32（1）：89-101.

James, Alan.(1993). "System or Society？" Review of International Studies 19（3）：269-88.

Kudsen, Tonny Brems, and Cornelia Navari.(eds.) (2019). International Organization in the Anarchical Society：The Institutional Structure of World Order. New York：

Palgrave Macmillan.

Knudsen, Tonny Brems.(2019). "Fundamental Institutions and International Organizations：Theorizing Continuity and Change." In International Organization in the Anarchical Society：The Institutional Structure of World Order, eds. Tonny Brems Knudsen and Cornelia Navari. New York：Palgrave Macmillan, 23-50.

Linklater, Andrew. , and Hidemi Suganami.(2006). The English School of International Relations：A Contemporary Reassessment. Cambridge：Cambridge University Press.

Makinda, Samuel M.(2002). "Hedley Bull and Global Governance：A Note on IR Theory." Australian Journal of International Affairs 56（3）：361-71.

Manning, C. A. W.(1962). The Nature of International Society. London：G. Bell.

Navari, Cornelia.(2019). "Modelling the Relations of Fundamental Institutions and International Organizations." In International Organization in the Anarchical Society：The Institutional Structure of World Order, eds. Tonny Brems Knudsen and Cornelia Navari. New York：Palgrave Macmillan, 51-75.

Newman, Edward, and Benjamin Zala, (2018). "Rising Powers and Order Contestation：Disaggregating the Normative from the Representational." Third World Quarterly 39（5）：871-88.

Reus-Smit, Christian.(2013). Individual Rights and the Making of the International System. Cambridge University Press.

Schouenborg, Laust (2014). "The English School and Institutions：British Institutionalists？" In Guide to the English School in International Studies, eds. Cornelia Navari and Daniel M. Green. Oxford：John Wiley & Sons, 77-89.

Spandler, Kilian.(2015). "The Political International Society：Change in Primary and Secondary Institutions." Review of International Studies 41（3）：601-22.

Stuenkel, Oliver.(2016). Post Western World. Cambridge：Polity.

Suganami, Hidemi.(2001). "C. A. W. Manning and the Study of International Relations." Review of International Studies 27（1）：91-107.

———.(2014). "The Historical Development of the English School." In Guide to the English School in International Studies, eds. Cornelia Navari and Daniel M. Green. Oxford：

John Wiley & Sons, 7-24.

Vigezzi, Brunello.(2005). The British Committee on the Theory of International Politics (1954-1985)：The Rediscovery of History. Milano：Unicopli.

Watson, Adam.(1987). "Hedley Bull, States Systems and International Societies." Review of International Studies 13（2）：147-53.

Wight, Martin.(1977a). "De Systematibus Civitatum." In Systems of States, Leicester：Leicester University Press, 21-45.

———.(1977b). "The Origins of Our States-System：Geographical Limits." In Systems of States, Leicester：Leicester University Press, 110-28.

———.(2002). Power Politics. eds. Hedley Bull and Carsten Holbraad. New York：Continuum.

Wilson, Peter.(2012). "The English School Meets the Chicago School：The Case for a Grounded Theory of International Institutions." International Studies Review 14(4)：567-90.

安高啓朗「批判理論としての英国学派」『英国学派の国際関係論』佐藤誠、大中真、池田丈佑［編］『英国学派の国際関係論』日本経済評論社、112-45。

アーミテイジ、デイヴィッド、ジェニファー・ピッツ（2020）「現代のグロティウス」—C. H. アレクサンドロヴィッチの生涯と思想—」アレクサンドロヴィッチ、C. H.［著］、アーミテイジ、デイヴィッド、ジェニファー・ピッツ［編］『グローバル・ヒストリーと国際法』(大中真、佐藤誠、幡新大実、池田丈佑、他訳) 日本経済評論社。

アレクサンドロヴィッチ、C. H.［著］、D. アーミテイジ、J. ピッツ［編］（2020）『グローバル・ヒストリーと国際法』(大中真、佐藤誠、幡新大実、池田丈佑、他訳) 日本経済評論社。

池田丈佑（2013）「ヨーロッパ国際社会の拡大と限界」『英国学派の国際関係論』佐藤誠、大中真、池田丈佑［編］『英国学派の国際関係論』日本経済評論社、186-202.

———.(2017)「訳者解説—英国学派に初めて触れる人へ—」ブザン、バリー『英国学派入門』日本経済評論社、xi-xx。

大中真（2020）『マーティン・ワイトの国際理論—英国学派における国際法史の伝統—』国際書院。

大原俊一郎（2017）「国際政治史研究におけるドイツ歴史学派の方法論」『国際政治』189：49-64。

小松志朗（2018）「中東における軍事介入―英国学派で読み解く21世紀のイギリス外交―」桜美林大学国際学研究所『公開シンポジウム「国際学の先端」―（準）周辺からみた国際社会― 報告書』、25-34。

佐藤誠（2013）「英国学派から何を学ぶか」佐藤誠、大中真、池田丈佑［編］『英国学派の国際関係論』日本経済評論社、227-44。

スガナミ、ヒデミ（2013）「英国学派・歴史・理論」（千知岩正継、佐藤千鶴 訳）佐藤誠、大中真、池田丈佑［編］『英国学派の国際関係論』日本経済評論社、3-25。

ブル、ヘドリー（2000）『国際社会論―アナーキカル・ソサイエティ―』（臼杵英一 訳）岩波書店。

ワイト、マーティン（2007）『国際理論―三つの伝統―』（佐藤誠、他訳）日本経済評論社。

第3章

国際社会論におけるバーク
——思想史と国際学の対話

苅谷 千尋

はじめに

　本シンポジウムのサブタイトルにある「(準)周辺」という概念は、通常、地理的概念と解され、地理的「中心」を相対化し、「中心」がもつ不可視の権力やイデオロギーを暴くことが期待されている[1]。だが、政治思想史を専門とする筆者は、「(準)周辺」という言葉を、地理的概念ではなく、ディシプリンと了解し、シンポジウムの主題である「国際学の先端」にアプローチする。国家と国家の関係に関わる諸現象は、主として、国際関係理論（International Relations）や国際法学のなかで議論され、この研究領域に対する思想史学の貢献は乏しかった。しかし、思想史学に依拠した国際関係研究（以後、国際関係思想史）は、Tuck（2001）が先鞭をつけて以降、Armitage（2013）、Christov（2015）、Baji（2021）らによって活発に議論され、今では一つの研究領域と見なされている。本章は、こうした研究群を国際学の「(準)周辺」と見立て、「中心」である国際学へと接近することで、すでに国際関係理論や国際法学において議論されてきた国際社会論を相対化したい。

　国際関係思想史が議論の「踏み台」として利用するものの一つに、先行する諸議論においてしばしば見られる非歴史的（ahistorical）な態度がある。思想史学者が抱く国際関係理論への違和感は「正典」（canon）と見做す、あるいは見做されてきた一群のテクストが、その著者の意図や同時代の言語習慣への十分な配慮なく、何らかの理論やカテゴライゼーションのために用いられることにある[2]。とはいえ、思想史と国際学は必ずしも敵対的ではない。というのは国際関

---

1. 本章は、桜美林大学国際学研究所シンポジウム「国際学の先端―（準）周辺からみた国際社会論」（2017年11月4日）のために準備されたものである。したがってシンポジウムの主題のほか、バークあるいは思想史を専門としていない聴衆や読者を想定している点、英国学派について精通する他の登壇者との有機的な議論を行うために、論考を単純化している点があることをあらかじめ断っておきたい。また、本章は「公開シンポジウム「国際学の先端」：(準) 周辺からみた国際社会 報告書」（桜美林大学国際学研究所、2018）として公刊された論考「国際社会論におけるバーク―"ティーカップ"の中の「論争」」に、文意を明確にするなどの必要最低限の修正を施したものである。副題もあらためた。

係思想史を牽引するアーミテイジは「いかにして世界中のわれわれすべては、諸国家の世界に生きていると想像するに至ったのか」(Armitage 2013, 13=11頁)を明らかにすることの重要性を説くが、こうした問題関心は、英国学派(イングランド学派)らによって展開される国際社会論の問題関心と重なるからである[3]。そうであるがゆえに、両者の相互交流がいっそう求められていると言えよう。

本章のサブタイトルは「思想史と国際学の対話」である。筆者が主として研究対象としてきたエドマンド・バーク(1729/1730-1797)は、国家間関係に関わる論考を幾つか残している。国際社会論を展開する英国学派と、思想史学を牽引するケンブリッジ学派は、このバークのテクストをめぐって、異なる問題設定と解釈をおこなっている。バークに興味のない学徒にとっては、さながら「ティーカップの中の争い」に思われるかも知れない。というのは、彼らの議論が微細な点でなされており、筆者には他の読者の関心を引きにくいように思われるからである。だが、果たしてこの論争は取るに足りないものなのだろうか。

本章は、両者の論争に決着をつけるのではなく、月並みな帰結を目指している。第一に、英国学派とケンブリッジ学派の関心の類似点と相違点を特定することであり、第二に、両学派の有益な対話のための一つの解釈の方向性を提示することである。後者は、英国学派の問題設定を受け入れ、ケンブリッジ学派の特徴である同時代の言語慣習に着目した考察を展開することでなされるだろう。すなわち、バークと同時代の諸議論——本稿ではアダム・スミス——を比較の念頭に置きながら、バークが国家間関係をどのような語彙を用いて語った

---

2. 例えば、Christov(2015)は、ホッブズを、国家間関係を本質的にアナーキーだとする見解の代表者と見なすことは誤りであり、テクスト上の根拠があまりに部分的であることを問題視する。彼によれば、国際的領域をアナーキーだと解する言説は、1880年代末から1890年代初頭に出現し、政治科学が専門分野として確立し、第一次世界大戦が勃発したことによって普及した。そして、この時点において、ホッブズはこの種の議論の中心人物ではなかった。このように、国際関係思想史は、既存の諸解釈の歴史的拘束性を明らかにする。
3. 日本においてEnglish Schoolは、通常、英国学派と訳される。学派の由来についてはDunne(1998, 3-5)、大中(2010, 253-55)に詳しく、またその由来ゆえにイングランド学派と訳出することが正確を期すと思われるが、本書の趣旨と学界の定訳に従い、英国学派とする。

のかを明らかにする。そして国際関係思想史の議論を念頭に、どのようなコンテクストの再構築が必要なのかについても考えたい。

1. 英国学派のバークの国際社会論

　国家間関係についてのバークの論考にいち早く着目したのは、英国学派である。英国学派は、その前史に活躍した人物も含めて、バークから多くの示唆を得た。例えばアルフレッド・ジマーン（1879-1957）は、ブリティッシュ・コモンウェルス論の核心を自治政府や自由の原理に見出したうえで、バークのインド統治についての演説を引用し、自らの主張を論拠づけた（Zimmern 2016, 169）[4]。

ワイト──バーク国際社会論の基点

　しかしその本格的な研究はマーティン・ワイト（1913-1972）から始まったと考えてよいだろう。彼は、これまで分析の対象となることが少なかったバーク晩年の著作『フランス国王殺しの総裁政府との講和についての書簡』*Letters on a Regicide Peace*（1795-1797。第一書簡から第四書簡。以下、講和書簡と略す）に着目した[5]。ワイトは、国際関係についての思考類型（国際社会、秩序の維持、干渉、国際的道義）の抽出を目指したという意味で、英国学派を理解するために重要な論文「国際関係における西洋的価値」において、ダンテ、スアレス、カント、グラッドストンらと共に、バークを取り上げた（Wight 1966）。

4.　ジマーンの国家間関係についての認識が、英国学派の国際社会観を先取りするものである点については、大中（2010, 258-61）を参照。ジマーンを主たる研究対象としている馬路は、ジマーンのブリテン帝国論や国際領域について考察の背後に「福祉（善き生）」概念を見出す（馬路 2012；Baji 2021）。馬路はまた、ジマーンがコモンウェルスの同胞観念を枠付け、根拠付けるにあたり、バークの友情論──友情を公的な徳の証とする議論──を用いていると指摘している（馬路 2015, 197-98）。一般的に、政党論の文脈で解釈されるバークの友情論をこのような形で用いるジマーンはユニークである。
5.　例えばラスキは、晩年のバークの著作を「政治哲学には属さず」、「聖戦をしかける狂信者の熱烈さ」の中で執筆したと突き放す。また、ラスキの『講和書簡』への評価は、戦争は分別と慎慮を元になされるべきであるというバークの記述（Burke 1991, 247=913頁, *Regicide Peace* I, 1796）に留まる（Laski 1920, 103=148頁）。

バークは、彼の思考類型における「国際社会」を抽出するうえでの鍵人物の一人である。ワイトは『講和第一書簡』から次の一節を引用する。長文であるが、この一節は、ワイトのバーク解釈の決め手であるだけでなく、彼に続く英国学派が好んで紹介する一節であるため、ワイトが省略した箇所も含めて引用したい（ワイトが引用する箇所をボールド体で表記する）。

諸国家間の交渉において、我々は法規の文言にあまりにも依拠する傾向がある。条約や協約の形式を過大評価しがちである。相手の利益を彼らの協定の担保として信頼できる場合は、我々はなおさら賢く行動しない。〔だが——引用者。以下同じ〕利害はしばしば協定を反古にし、激情が両者を踏みにじる。〔したがって〕そのいずれかを全面的に信用することは、我々の安全を軽視しているか、あるいは、人類についてまったく知らないかのどちらかである。**人々は互いに、文書や印章で結びついているわけではない。互いに似ていること、一致していること、同感することによって、連携（associate）するようになるのだ。このことは個人同様に国家においても当てはまる。法、習慣、作法（マナーズ）、生活習慣での一致ほど、国家間の友好の絆として強いものはない。これらは自分たちが結んだ条約以上の力を持つ。これらは心に刻まれた義務である。これらによって、人々は、知識がなくても、また時には自分たちの意図に反しても、互いに接近するのである。暗黙で不可視であるが、疑う余地のない習慣的な相互交流という緊密な関係によって、彼らはひとつに結びつく。**たとえ彼らの頑固な訴訟好きの性質が理由で、明記された義務が不明確になり、口論や対立に発展することになってもである（Burke 1991, 247=913頁, *Regicide Peace* I, 1796）[6]。

ワイトにとってこの一節は、国際社会の本質と起源を広範囲に描写したものであり、また、ヨーロッパの社会的、政治的構造と国際社会を関連づけた点で

---

6. 既訳を参考にしているが、訳出は筆者による（以下も同様）。

注目に値した（Wight 1966, 98=103頁）。とりわけ後者は、キリスト教と時効の中に破棄できない正統性の原理を見出した点で重要であり、この原理はバーク以後の世界において簡単にうち捨てられるような原理ではなかった。またこれらは、国家間関係において力の果たす役割を重視する現実主義が、無視ないし軽視してきたものでもあった。それだけに、ワイトにとってバークは、国際社会が単なる利害関係や条約からなるのではなく、その基底に、共通する社会認識が存在することを教える重要な思想家なのである。

　ワイトは、遺稿を元に復元公刊された『国際理論』において、バークを合理主義——ワイトの分類において合理主義は、自然法に内在する理性の要素に依拠するからこそ、国際的アナーキーにおける国家間交渉を信頼する点に要点がある——の伝統に位置づけつつも、バークがこの伝統を「どっしりと歩んでいるものの、その動きには一貫性がない」と慎重な解釈を下している（Wight, 1996, 19頁）。この留保は、カテゴライゼーションに対するワイトなりの自戒というよりも、バークが国益あるいは勢力均衡論について好意的な議論をおこなっているために、モデルの枠からはみ出ていることに関わっていよう。本書においてもワイトは、上記の一節を引用して、バークは「国際的な近隣関係に内在する性質を描き出そう」（同上、288頁）としたと解釈する[7]。だが、ワイトはこの点で立ち止まった。ワイトは『講和書簡』の他、『フランス革命の省察』（1790）や『フランスの国情についての考察』（1791）を取り上げてはいる。しかし、国際社会や国際理論についての一般的傾向や思考類型の抽出を目指す彼にとって、バークのテクスト解釈にさらに踏み込む必要はなかったのだと思われる。彼の目的に照らしてみれば、むしろ他の思想家のテクスト読解や、複数の異なる思想群の関係を明らかにすることの方が必要だったからである。

---

7. ワイトは上述のバークの言葉の直後に「これらの言葉は、ストラスブールにあるヨーロッパの家の入り口に記されてもよいかもしれない」（Wight, Wight, and Porter 1996, 288頁）という、印象的な見解を付している。これは彼が、現代の国家間関係（あるいはヨーロッパ秩序）に何を求めていたかを端的に示す。

ヴィンセント──バーク国際社会論の発展

　ワイトのバーク国際社会論を継承した人物に、レイモンド・ジョン・ヴィンセント（1943-1990）がいる。英国学派を牽引したヘドリー・ブルに師事した彼は、連帯主義者（Solidarism、グロティウス主義）としてバークを解釈する。ヴィンセントにとってワイトが用意した合理主義というカテゴリーは、バークに当てはめ辛いものだった[8]。ただし、本章の関心はカテゴライゼーションの妥当性にあるのではなく、繰り返しになるが、英国学派がバークの国家間関係についての論考をどのように解釈したかにある。

　ヴィンセントは、バークを「国際社会の固有性を描こうとする思想の伝統に属していない」（Vincent 1984, 206）思想家と見なす。彼は、バークの一般的な政治原理を、ジェントルマンの精神と宗教の精神の二つの精神に求めた上で、バークに特徴的な国家間関係についての論考を、ワイトと同じく、バークの『講和書簡』に発見した。彼のバーク国際社会論は、独立した諸国家に先行して統合体が存在するという解釈に支えられており、中世主義へとバークを誘う（同上, 210；211-12）。彼にとって重要なのはこの統合体の紐帯は何かである。彼はバークの記述の中に、キリスト教、封建的諸制度、ローマ法というヨーロッパ諸国の共有物と、他国への干渉を権利であり義務とする解釈を導く近隣性の原理（principle of neighborhood）を見出して、ワイトの解釈を掘り下げた。

　前者は、前項において引用した、バークが国際社会の「法、習慣、作法、生活習慣」を重視する記述と関わっていると思われる。ヴィンセントはこの引用を根拠に、連帯主義者バークという解釈を下し、「バークの連帯主義をもっとも顕著に特徴づけるのは、慣例的に、多元主義と結びつけて考えられている行路を通って、連帯主義に到着した点である。それは、自然法という幹線道路ではなく、慣習、伝統、経験という一般道である」（同上, 212）とする。このようにヴィンセントにおいてバークの国際社会論は、連帯主義を一階、多元主義を

---

8. というのは、彼の解釈において、バークは、現実主義者であり、合理主義者であり、革命主義者だったからである（Vincent 1984, 216）。

二階とする二階建てである（「多元主義が機能したのは、より深い連帯があってこそである」（同上, 213））。ヴィンセントはこのようにバークを連帯主義者として位置づけるとともに、バークを多元主義者ヴァッテルと対峙させることで、18世紀後期の国際社会論の見取り図を描く。

注目に値するのは、ワイトが看過した後者の議論である。ヴィンセントの説明は簡にして要を得ている。近隣性の概念に類似する近接性の原理（principle of vicinity）は、結びついているという状況を指し、近接しているがゆえに他国の影響が及ぶことを意味する。他方、近隣性の原理についてヴィンセントは、部分的な省略はあるがバークの言葉をそのまま引用して、「危害が及ぶ有害行為（nuisance）の建立となりえる、あらゆる大きな革新（capital inovation）を阻止する権利」（Burke 1991, 251=917頁, *Regicide Peace* I, 1796）と定義される。すなわち、多元的な国際社会を維持するためには、何かを共有しているという状態だけでは不十分である。国際社会に属するある国家が、たとえ内政上の事情であっても、それが国際社会や他国に危害を及ぼすような行為を起こす、またはそのような状態を放置するのであれば、国際社会の構成員（国家）は「有害行為」を是正するために、干渉、介入することを躊躇してはならない。

ヴィンセントは、統合体の紐帯に関するこの二つの議論をより深く探究するよりも、中世主義者としてバークを解釈しえるかどうか、あるいは彼の国際関係理論が現代に適用可能かどうかへと関心を向ける。この意味で、ヴィンセントはバークの国際社会論の内在的解釈の余地を残したと言えるが、ともあれ、英国学派が重視する、バーク国際社会論の二つの条件——文化、宗教、作法という精神的紐帯と、近接性の原理——、そしてこの二点と関わるテクスト上の根拠が、学界で共有され、広く論じられる土台を築いたと言ってよい。

ウェルシュ——ヴィンセント解釈の継承

ジェニファー・ウェルシュは、ヴィンセントの解釈を自覚的に継承している（Welsh 1996, 173=219頁）[9]。彼女は、ヴィンセントのバーク解釈の中でも枢要な、世界政治における文化の役割と介入問題の二点を取り出し、バークのユニークなヨーロッパ・コモンウェルス論を通して検討する（同上, 173=219頁）。この

両者は、前項末でまとめた、紐帯と近接性の原理に対応する問題設定である。
　ウェルシュもまた『講和書簡』を主たる考察の対象としているが、必要に応じて『フランス革命の省察』、『フランスの国情についての考察』、「現在の情勢を考察するための諸点」(1792)、「同盟国の政策についての所見」(1793) などを取り上げ、文化と介入に関わる論考を補強することで、ヴィンセントの議論をいっそう掘り下げた解釈を提起した。
　ウェルシュは、バークがヨーロッパの国家間関係を叙述する際に「コモンウェルス」という語彙を採用した点を強調し、コモンウェルスを議論の枠組みに据え、この特徴を「一定の自律性と脱中心化」(同上, 173=220頁) に見出す。コモンウェルスという語彙は、共通の利益という原意やそこから派生する政治的共同体＝国家という意味だけでなく、複合性という含意が、当時、あった。その上で、先行者同様に、ヨーロッパというコモンウェルスを支える共同体感覚の重要性を説く。彼女は、バークの国際社会論の決め手であるこの共同体感覚、ヴィンセントのいう連帯の性質を特定すべく、キリスト教、君主制、ローマ法、ゴート的習慣、経済的な相互依存関係などを列挙したうえで、その深部に作法と、親密さから生じる同感という感覚を見出す (同上, 174-175=220-221頁)。この意味で、ウェルシュが解するバークの国際社会論は、文化的類似性を一階、制度的類似性を二階とする建築物である[10]。
　この点と関わって、彼女は、先行する解釈に対して次の二点を付け加えた。一つは、類似性を強調するバークの社会認識の根底には、人間は「欠陥」

---

9. 他方で、デイビット・ブーシェーは、ヴィンセントが、ワイトの3つのカテゴリーのいずれにもバークを入れ損なった点を批判する。彼によれば、バークは、歴史を国家行為についての非目的論的基準と理解したが、ヴィンセントはこの点を看過したからである (Boucher 1991, 127)。ただし彼はワイトの単純な擁護者ではない。革命主義と合理主義を思想的に同根と見るブーシェーは、新たに歴史的理性というカテゴリーを用意し、ヘーゲル、マルクス、グリーン、ボーザンケト、コリンウッドとともに、バークをこのカテゴリーに入れる。また、ブーシェーは、コンテクストの自明性の欠如を理由にケンブリッジ学派の方法論の妥当性を問う (同上, 128)。彼のバークの国家間関係についての解釈は、不可視の伝統、勢力均衡という慣習法、近隣性の原理の3点にまとめることが可能であり (同上, 141-43)、この意味で英国学派に共通する解釈から逸脱しているようには思われない。

第3章　国際社会論におけるバーク　　67

(infirmity）をもつ存在であり、推論上の過ちをおかすという人間観が控えている、というものである。「欠陥」をもつ人間がなす完全な一致、結合、そしてその強制は、危険であり、ありえない。だからこそバークは、完全なる結合を防ぐためにコモンウェルスに訴えたのだ、とウェルシュは解する（同上, 175-176=222頁）。先に見たように、コモンウェルスは差異を受け入れる言語である。ウェルシュは「欠陥」の指摘に続いて、バークの、対立や戦争を避け難いものと見なす冷ややかな社会観察へと議論を展開するため、この論点について十分に掘り下げているわけではないが、それでも彼女の指摘は、なぜバークが一元的な国際社会を拒否したのかを説得的に示している。

　ウェルシュが指摘するもう一つの重要な点は、バークのヨーロッパ・コモンウェルス論には、メンバーシップの議論が付随しており、その基準はヨーロッパ文明に準拠しているというものである（同上, 176=223頁）。すなわち、ある国際社会がある国家をそのメンバーとして迎え入れる（承認する）かどうかは、他の国家に委ねられる。またその承認の可否は、文明という曖昧な——恣意的な解釈も可能な——基準にもとづくべき、である。このようにウェルシュは、バークの原理的な立場を明らかにしたうえで、バークは文明を慣習や信仰など、抽象的なレベルでの共有物に訴えてはいるが、実質的な基準は、政治体制が王朝であるかどうかにあると論じる。

　ウェルシュがヴィンセントから引き継いだもう一つの論点は、介入問題である。介入は、国内政治と国際政治の結節点で生じるがゆえに、国際社会論を考える上で重要なテーマとなる。バークが他国への介入をどのような原理で論拠付けているのか、というアプローチを採るウェルシュは、バークのテクストを渉猟したうえで、介入にかかわるテクストを再構成し、三つの論拠を見出した。1）勢力均衡論に依拠した予防戦争、2）ヴァッテルに依拠した国内紛争に介入する法的な権利、3）ローマ市民法を転用した近隣性の原理の3つである（同上,

---

10. ここでもウェルシュは、ヴィンセントと同じく、バークは多元主義と連帯主義の要素を併せ持つ思想家という解釈を導き、彼の中世志向を指摘する。だが、中世主義というカテゴライゼーションを安易に行うべきではない。というのは、バーク自身が認識していた中世と初期近代の社会構造並びに社会認識の差違を捨象する恐れがあるからである。

179-182=227-231頁)[11]。重要な点は、2つ目の論拠と3つめの論拠の関係である。ウェルシュによれば、2つ目の根拠に即した介入は、当時、普及していた国際的な規範やルールを毀損するがゆえに、バークは、国家間関係の紛争をコモンウェルス内の「内戦」と見立て、近隣性の法という「国内法上の概念」に訴えることを選んだ（同上, 181=229頁）。このように解釈するウェルシュが、バークの理解において主権は、絶対的なものではなく、一定の制限を受けると考えるのは自然である。すなわち、国境は必ずしも絶対的な境界線ではなく、視点を高次の「国際社会」に置くなどによって境界線を引き直すことが可能となる。ウェルシュが言うように、バークは国内政治と国際政治の関係を、単純な二分法で理解していなかったと考えられる。

　ウェルシュは、このようにバークの国際社会論の内在的な解釈に踏み込み、それゆえに、彼の国際社会論が、制度と文化の二層構造であるという指摘に留まらず、国内政治と分かちがたく結ばれた認識によって支えられているという結論に辿り着く（同上, 184=233頁）。ウェルシュの国際社会論をめぐるバーク解釈は、今日、標準的な理解となっているように思われる。筆者もこの解釈の主要な点において異論はない。筆者が狙うのは、後述するように、ケンブリッジ学派や国際関係思想史の知見を活用しながら、同じ対象をやや異なる角度から捉え直すことであり、このことは彼女の議論を批判するのではなく、補強することを意味する。

2. ケンブリッジ学派のバークの国家間関係論

　バークを主たる研究対象とする者は、英国学派の解釈にどのように応答しているのだろうか。

　20世紀後半、とりわけアメリカにおいて、バークは保守主義者としてリヴァイヴする。他方で、こうした現代の（国際政治を含む）政治状況に敏感に応答する研究動向を尻目に、ケンブリッジ大学を中心に、自覚的な問題設定と方法

---

11. ヴィンセントはこのうち、近隣性の原理のみに注目した。

論に支えられた、従来とは異なる思想史解釈が生まれた。バーク解釈の一つの潮流もここから生まれている。本稿が着目する動向はここである。

　ケンブリッジ学派と呼ばれるこの研究集団は、同時代の論争軸と言語慣習のもとに「正典」を置き、人物、概念、言説を解釈する。今日のケンブリッジ学派を牽引する研究者の一人リチャード・バーク——本節で取り上げるが、彼はケンブリッジ学派を代表するバーク研究者である——が紹介する、千葉大学で開かれたシンポジウムでのエピソードは、彼らのもう一つの知的態度をよく表している。その主要なメンバーであるイシュトファン・ホントの「ケンブリッジ学派は存在しない」、「アンチ学派に過ぎない」という発言は（Bourke 2018, 1-2）、リチャード・バークが適切に指摘するように、彼らの問題関心は一様ではなく（Bourke, 2016, 3）、概念を歴史から独立したものとして解釈することへの違和感によって彼らは連帯していることを示している。すなわち「規範的な直観を、近代史の軌道に関わる説明と一致させることの難しさ」（Bourke, 2016, 5）を彼らは共有しているのである[12]。冒頭で紹介した、国際関係思想史も、このケンブリッジ学派と深く関わっている[13]。

ハンプシャー゠モンク——介入論の変遷の追跡

　これまで見てきたように、バークの国家間関係についての論考は、英国学派においては国際社会論という文脈で論じられてきた。ハンプシャー゠モンクは、同じバークの論考を、介入の正当化を基軸に考察しており、コモンウェルス論は正当化の一つの論理として組み込まれている。

　ハンプシャー゠モンクは、英国学派を次のように説明している。「バークの

---

[12]. おそらくイラン人留学生向けに準備されたBourke（2016）は、非常にコンパクトでありながら、要点を押さえ、示唆に富む。ケンブリッジ学派を（再）検討する論考は、今日もなお数多く公刊されている。安武（2014）、『思想』（特集　政治思想史における近代、2017年5月号、岩波書店）、『思想』（特集　政治思想史の新しい手法、2019年7月号）は、その代表である。
[13]. 18世紀という時間軸のなかでバークの国家間関係、帝国にかかわる論考を読解する試みに角田（2017）がある。この時間軸においては、啓蒙の文明史、文明社会が重要な意味をもつことを教える。

主張の理論的基礎は、国際関係についての主要な学派を刺激してきた」。「国際関係理論における「英国学派」として知られるようになった学派の創設者たちは、バークを「国際社会」の中心的概念の生みの親と見なしている」。続けて、ワイト、ヴィンセント、ティム・ダンの著作に言及している（Hampsher-Monk 2005, 66 ; n. 3）。彼は、英国学派のバーク解釈に二つの問題を見る。一つは、本項の冒頭で既に示唆したが、先行する解釈群がバークと介入論をしっかりと結びつけて考察していない点、もう一つは、バークの政策が、不変の理論的立場から引き出されたと考えている点である（同上, 66）[14]。彼によれば、バークが介入を正当化するために調達した論理は、常に発展を続け、その7年間のうちに一度、大きく変化した（同上）。

このハンプシャー＝モンクの研究は、少なくともバーク研究にとっては非常に重要だが、果たして国際学にとってもそうだろうか。この疑問と関わり、また、本稿の問題関心に従って、彼の議論の構成に関して、次の二点を指摘しておきたい。一つは、彼がバークと同時代の言説空間の再構築に知的営為を傾けている点である。次に紹介するのは、その代表である。

> 18世紀後半の国際法は自然法、実定主義的な国際条約、外交協約、万民法即ち諸国民の法——この法はローマ法の一部であり、相互関係における異なる政治共同体の共通の実践を体系化することを主張する——からなる、パッチワークだった。万民法の帰納的な観念は、伝統的な自然法と混合される傾向にあった（同上）。

バークの国家、国家間関係のテクストは、このコンテクストのなかで読解される。英国学派にとって、この種の手続きは最重要課題ではなく、例えば、ウェルシュは「18世紀には国家主権や非介入といった観念が普及していた（後略）」（Welsh 1996, 179=227頁）と整理するに過ぎない。

---

14. 後者の具体例として、ハンプシャー＝モンクは、Welsh（1995）とArmitage（2000）を挙げる。ウェルシュは、後に、Hampsher-Monk（2005）を参照の上、バークの介入をめぐる議論の変化に注意を促している（Welsh 2013, 230）。

もう一つは、テクストが、時間軸に従って配置され、解釈される点である。彼によれば、この論点に関わるバークのテクストは三つの区分に整理できる。まず、介入根拠を模索した段階があり、バークは、近代自然法とヴァッテルに依拠した（同上, 69-76, 1791年初頭以降）。次いで介入根拠を転換した段階があり、バークは、ヴァッテルの言説を放棄し、国際的な慣習や実践を強調するようになった（同上, 77-82, 1792年10月以降）。最後に、対仏戦争を継続するための論理を調達する段階があり、このとき、バークはヴァッテルを完全に放棄し、作法の言語とローマ公法の言語を採用したという（同上, 83-99, 1795年10月以降）。英国学派が特に注目する『講和書簡』は、この第三段階の著作である。これは、ウェルシュが提起する三つの介入根拠と、おおよそ対応する時間区分ではある。ハンプシャー＝モンクによれば、段階が移行する決め手は介入根拠の説得力（の有無）である。この点についても、既述した、国際規範やルールの毀損を回避するというウェルシュの説明と基本線は同じだと思われるが、ハンプシャー＝モンクは、バークの国家間関係に関わる認識とヴァッテルの言語とに生じた「矛盾」に力点を置いて説明している。重要なのは、介入を正当化するのに十分な論理かどうかなのである。こうした力点の置き方は、ケンブリッジ学派が同時代の言説空間を重視していることと深く関わる。

　英国学派が国際社会論として解釈したバークの論考は、次のようにまとめられている。

　　　バークは、ある特定の体制に反対するイデオロジカルな運動を追求してきたわけだが、国際法はこの運動のための明白な基礎を与えなかった。だが、ヨーロッパは、法-文化的（juridico cultural）な単一の統一体であると認識することによって、統一体内の国家間関係を、国際法——諸国民の法——の一部としてではなく、ある特定の国家内部の国内関係として認識することができた。この概念的な移動によって、バークは、ローマの私法および国内法を利用することができるようになった。バークは、もしヨーロッパが法と作法を共有する一つのコモンウェルスであれば、この法的統一体内では「国家にとって真実」であるものは「個人にとっ

て真実である」と主張した。この主張は、ヴァッテルおよび近代自然法の伝統が、このフレーズによって主張しようとした意味とは異なるものだった。バークの指摘によれば、ローマ法の内部で諸個人は、彼らの私的財産を有害に用いる隣人に対して、幾つかの対策をもつ。そして、この対策は、ヨーロッパのコモンウェルスに属する諸国家に類推適用できうる。こうした対策に訴える根拠は、自然法理論に固有な危険な抽象概念ではなく、実定法に依拠する（同上, 97）。

ヨーロッパという一つにコモンウェルスにおいて、主権や国境という障壁は取り払われ、革命フランスとの対立は「国内問題」に格納される。この指摘自体は、ウェルシュに重なる。異なるのは、ハンプシャー＝モンクにとって、バークのいう法や作法は、コモンウェルスを「創造」するための材料に留まり、特別な機能を担っていない点だろう[15]。英国学派が、作法や文化は国際社会の「深部」を基礎を付けると高く評価していることと対照的である。他方で、ワイト以降の英国学派が重視してきた「人々は互いに、文書や印章で結びついているわけではない。互いに似ていること、一致していること、同感することによって、連携するようになるのだ」（Burke 1991, 247=913頁, *Regicide Peace* I, 1796）という一節は、政治空間、司法空間の共有につながると指摘されるに留まり（同上, 96）、考察の主対象ではない。本項の冒頭を繰り返すことになるが、ハンプシャー＝モンクにとって、バークの国家間関係に関わる議論は、介入論として読解されるべきなのである。

リチャード・バーク──熱狂主義と協調主義

ケンブリッジ学派のバーク研究を代表するリチャード・バークは、その論考の書き出しをバークはいかなる「学派」の創設者でもないと断り、英国学派との心理的な距離感を示す[16]。続けて彼は、

---

15. ハンプシャー＝モンクが、バークのコモンウェルス論を、自然法理論（「危険な抽象概念」と彼は解釈する）ではなく、実定法に依拠するとしている点も重要な相違点である。というのは、バークを中世主義と解釈しえるかどうかに関わっているからである。

19世紀、あるいは20世紀以降のカテゴリー、規範をバークに当てはめることは歪んだ像を生み出し、「理論家」、「国際法学者」として彼を見る過ちを犯す。だが、彼の議論が、コモン・ローならびに自然法の伝統を含む、各種取り合わせた、法理論の伝統を利用したものであることは、はっきりしている。もちろん、重要な問題は、バークがこれらの伝統をどう利用したのか、すなわち、こうした法理論が、彼の政治についての思考に貢献したのは、どのような洞察なのか、また、これらが正当化を手助けした行動プログラムは何か、である（Bourke 2009, 91）

と述べ、英国学派の問題点と、彼が適切だと考える解釈の方向を併せて提示している。リチャード・バーク自身はこれを主題とすることは避け、その考察をHampsher-Monk（2005）とSimms（2011）に譲っている[17]。このことは、ハンプシャー＝モンクが、介入という国内政治と国際政治の結節点を考察の主軸としたのに対して、リチャード・バークが、フランス革命に対するバークの診断の「独創性」に的を絞り、そしてこの的を通して国際関係を見ていることと関わる。

　19世紀に入ってコンスタンらは、商業が発展すれば、利益を考慮し国家は戦争をしなくなると説いた。だが、リチャード・バークは、フランス革命期の戦争は商業的な平和主義のただ中に生じたのだと、コンスタンら自由主義者の格律の限界を指摘する。なぜ戦争は起こったのか、なぜ介入が必要とされたのかが、問われるべきである。彼は、バークの国家間関係についての論考は、この問いへの解答となっているという（Bourke 2009, 93）。

　リチャード・バークによれば、「国際政治における決定的な問題は、統治形

---

16. ただし、両者は没交渉なのではない。この論文がイアン・ホールとリサ・ヒルが編纂する*British International Thinkers from Hobbes to Namier*に収録されていることから示唆されるように、ケンブリッジ学派と英国学派の対話が成立している点は注目に値する（Bourke 2009, 109）。
17. Simms（2011）については、註18を参照。

態よりも「力」にある」。ただし、ここでいう力は、経済力や軍事力に限定されない。バークの独創性は、意見やドグマ（とくに平等主義）がもつ大きな力を発見し、その強い伝染力によって国境を浸透すると発見した点にあった。バークが国家間関係のなかでも近接性という概念の重要性を早期から説いていたのはこのためだと解する（同上, 93）。リチャード・バークの主たる考察の対象が1793年までのテクストに限定されていることとも関わるが、この論考の中で、英国学派と共通する議論は、近接性のみである。『講和書簡』（第二書簡）は「熱狂主義はたしかに情熱主義の形態をとりうる」（同上, 108）という考えの表明として解されるに過ぎない。要するに、バークは近代民主国家におけるドグマと熱狂主義の発見者であり、これらを国際紛争の原因と見たのだという。

　この論考の他に、リチャード・バークは、バークの思想的伝記（intellectual biography）である主著『帝国と革命』（*Empire and Revolution*）の中で『講和書簡』を次のように考察している。

> 『講和第四書簡』において、バークは、ヨーロッパの政府は、「事実上」、統合した「共和国」を構成してきた、という共通基盤を思い出させた。この点は、彼が翌年に『講和第一書簡』のなかで強調したように、フランスは、ヨーロッパの、古来の「政治的交流（politick communion）」を放棄した、この政治的交流は、宗教的そして法的な類似性（affinities）によって支えられたものだった。ヴァッテルによれば、外交、交渉、利害という結び付き、条約義務が、ヨーロッパを「ある種の共和国」としたのだった。しかし、バークは、決してこのヨーロッパの「コモンウェルス」を、法的結合体と見なしたわけではなかった。この「コモンウェルス」は、共通の主権の不在における協調状態（in a state of concord）のなかで存在するコミュニティだった。調和による結び付きは、紛争の激しさを減じ得るし、「類似性」、「一致」（conformities）、共感のおかげで意見の一致を確立しえる（Bourke 2015, 911-12）。

『講和書簡』で描かれるコモンウェルスは、リチャード・バークによって「協

調」という言葉で約言される。この要約それ自体は、英国学派の解釈に繋がるものであろう。重要なのは、彼が「意見の一致の確立」へと議論を落とし込んでいる点である。この他の箇所でも彼は「法、作法、信念における「類似性」(similitude) は、ヨーロッパの諸国家に対して、その行動を同じくすることを可能にする」(同上, 912) と述べる。リチャード・バーク自身がさらに踏み込んで議論しているわけではないが、この解釈は、バークが『講和書簡』を執筆した意図の一つである、対仏同盟の維持と重なる。つまり、コモンウェルス論は国際社会論というよりは、フランスを除く諸国が一致した意見と一致した行動を取るように促す知的な戦術に過ぎない。この指摘が注目に値するのは、先のリチャード・バークの考察に示唆されているように、フランスは「政治的交流」を放棄した存在であり、協調の外部に位置づけられていることと関わるからである。端的に言えば、これはヨーロッパを一つの「内部」と見立てるためのコモンウェルスではなく、フランスを外部と位置づけるためのコモンウェルスなのである。

　またリチャード・バークは「バークが言うように、ヨーロッパ「共和国」の独立した構成員は、相互戦争の状態において存在した。にもかかわらず、政治的、商業的協力は、根本的な対立の最中にあっても存在した」(同上, 912, n. 505) とも述べている。戦争は、ただちに「共和国」の崩壊を意味しない。国際紛争と国際協力は、実践レベルにおいては、必ずしも相互排他的ではない。この指摘は、国際的アナーキーとは何か、あるいはバークを含む、18世紀後期の思想家がそのような社会認識をもっていたのか、という根本的な問いを生じさせる。

　このようなリチャード・バークの考察は、バークがどのような意図のもと、テクストを執筆したのかという問いを解釈に含めることの重要性を教えるものである。

3.「論争」への一石と、国際関係思想史的解釈のための備考

　英国学派を含む国際学を専門とする者にとって、ケンブリッジ学派のバーク研究は興味の対象外かもしれない[18]。というのは、ケンブリッジ学派の研究は、

国際社会論という解釈枠組みに必ずしも収まらない知見が中心を占めるからである。あるいは、ケンブリッジ学派はあまりに英国学派に冷淡ではないか、という印象を与えることもあるだろう。筆者は、英国学派の問題関心に従いつつ、ケンブリッジ学派の特徴の一つである、同時代の言語慣習を用いたバーク解釈の可能性を探っている。本節ではまず、これまでの議論との重複を含むが、両学派の類似点と相違点について考察したい。

両学派の類似点と相違点

両学派の重要な類似点は、「正典」の解釈を重視する研究手法である。政治行為は正当化のための論理を必要とする。それは国家間関係においても同様である。国家間関係において、国益を含む、自己利益の赤裸々な主張が控えられ、ある種の「論理」によって自己利益は偽装される。両学派が解釈しようとするのはこの「論理」であり、この「論理」がどのように調達されるかである。このような問題意識は、英国学派においては、とりわけ、その源流に濃厚に見られる。例えばヘドリー・ブル（1932-1985）は、近代の国際社会論者がこうした「論理」を重視してきたとして次のように述べている。

> 政治家自身が法的・道徳的規則を認識していること、実定法と道徳が国際生活の一特質としてあり続けたという伝統に注目することもできた。国際的な行動を起こすにあたって——国際法と道徳の性質についての一般の認識とは逆に——これらの原則についての口実が伴うことは、国際

---

18. バークの国家間関係についての論考は、英国学派とケンブリッジ学派だけが解釈しているわけではない。ヨーロッパ海外政策史を専門とするシムズは、両派に共通の問題点を次のように指摘する。第一に「ウェストファリア神話の奴隷となっており、バークの介入主義の新規性を過剰に強調する傾向にある」こと、第二に「ヨーロッパの「コモンウェルス」という概念を彼が最初に明確に述べた際の、バークとポーランド愛国主義者らとの繋がりを見損ねている」こと、第三に「ヨーロッパの自由と勢力均衡についてのバークの考察のなかで神聖ローマ帝国がもつ中心的位置を摑み損ねている」こと、である（Simms 2011, 100）。シムズが言うように、（実は両派に限らないが）バークを主に対象とする研究が、彼の独創性を過剰に強調する傾向にあり、フランスを除くヨーロッパ大陸についての動向を追いきれていない点はバーク研究全般の課題だろう。

関係における正不正の観念の力強さを、こうした原則に従った行動と同じくらいに、物語っている（Bull 1966, 42=32-33頁）。

　行動と「口実」の対応関係は、国際学にとって、一つのミステリーである。このような問題関心にまで遡れば、英国学派とケンブリッジ学派は有益な対話を行いうるように思える。だが、第二、第三節で見てきたように、両学派の議論はすれ違っていると言っても過言ではない。一つ目の相違点は、既に示唆したとおりだが、ケンブリッジ学派がテクストの執筆意図、同時代の言語慣習、テクストの時間軸を分析の射程に収めるのに対して、英国学派は必ずしもそうではない点である。ブル自身も認識する「口実」の説得力を、英国学派はうまく分析に組み込めていないのではないだろうか。例えばヴァッテルの言語は、介入を主張するバークに利用可能だったように、介入を批判するピット首相にも利用可能だった（通常の解釈では、ピットにこそ利がある）。説得力の有無は、こうした同時代の言説空間のなかでこそ浮かび上がる。

　解釈に先立つカテゴライゼーションや議論の前提 ──英国学派の場合、国際社会や国際的アナーキー── は、解釈者の解釈のみならず、テクストの選択にも強く影響する。二つ目の相違点は、彼らが共通して引用する「人々は互いに、文書や印章で結びついているわけではない。互いに似ていること、一致していること、同感することによって、連携するようになるのだ」（Burke 1991, 247=913頁, *Regicide Peace* I, 1796）という一節へのアプローチによく現われている。英国学派はこの一節に、バークの国際社会論が濃縮されていると読む。ケンブリッジ学派は、この一節のみをとり出して解釈を施すのではなく、他のテクストとの関係を重視する。このような立場からすると、英国学派のテクスト選択は部分的であり、恣意的である。だが、他方でケンブリッジ学派のこうした禁欲的な態度は、（少なくとも英国学派に比して）多くの解釈を引き出さず、ディシプリンに大きく貢献するようなインプリケーションに乏しい。

　このように両学派はすれ違っているが、両派に歩み寄りの余地はあると思える。次項以降は、これまでの議論を通して得られた知見に基づく、この「論争」に対して投じる筆者の列挙的な提案事項である。本格的な考察は、別稿を用意することが適切である。

備考1：バークの意図──『講和第四書簡』読解

　バークの『講和書簡』執筆の意図は、必ずしも十分明らかとなっていない、もしくは他の解釈と有機的に結びつけられていないが、一連の『講和書簡』の始点をなす『講和第四書簡』(1795) には、彼の問題関心の有り様がよく現われている[19]。本書においてバークは、ブリテンの対仏講和派において「フランス」という名称が用いられていることに違和感を示す。というのは、バークの指摘によれば、これまで「簒奪者」という名称を与えられてきた革命フランス政府（テルミドール派）が、突然「フランス」という呼称で呼ばれ始めたからである。

> このフランスという言葉は、まるでその政府が正確に革命以前に存立した政府であるかのように、書き入れられた。この革命は、ヨーロッパ中を驚愕させ、恐怖に陥れ、ほぼ制圧した革命である。この著者〔オークランド〕が言うには、「フランスはこれを為すだろう」、「これはフランスの利益である」、「フランスの名誉と寛大さを取り戻す」云々カンヌン。これらはつねに、単なるフランスである。まるでわれわれがキリスト教ヨーロッパというコモンウェルスの古くから認められてきた一員と、共通の政治的戦争のただ中にいるかのようである。そして、まるでわれわれの論争が、単なる領域的、あるいは商業的論争問題にかかっているかのようである（Burke 1991, 50, *Regicide Peace* IV, 1795）。

　バークは、テルミドール派による革命フランス政府を「国王殺し（regicide）の政府」と呼ぶことにこだわった。バークの理解においては、ジャコバン派（急進派）もテルミドール派（穏健派）も、ルイ16世を殺害した革命政府に変

---

19. 1795年10月末にバークの元に、オークランドのパンフレット「1795年10月の第4週の戦況についての所感」の写しが届けられた。これはフランス政府（テルミドール派）との講和を提案する文書である。フィッツウィリアム卿への返答という形式で書き始められたのが本書であるが、『講和第二書簡』執筆のために中断し、バークは公刊することなく世を去った。1812年に全集 *Works* において、本書は『講和第四書簡』として組み入れられた（Burke 1991, 44）。

わりなかったからである。バークは、フランス帝国が膨張を続けており、ヨーロッパの小国を併合もしくは革命フランスの衛星国としているという事実を強調する。このような事実に対して、ブリテンの代表的な意見は、フランスは過食症にかかっており自滅するという類いのものだった。彼は、この傍観主義を、征服された諸国を見殺しにするものだと批判する。こうした文脈において登場するコモンウェルスという語彙は「この大いなるキリスト教コモンウェルスの全般的な自由及び独立は、このような分割とは共存できない」（同上、51；56-57；60）という形で用いられる。

　バークにとって、テルミドール派との講和は、ジャコバン派と同じく、ありえない選択であった。バークは、対仏戦争と対仏同盟の継続のための論理を調達する必要があったのであり、彼の国家関係に関する認識はこの意図と関わって解釈されるべきだろう。本書に続く『講和書簡』もこの基調のもとにある。また『講和書簡』は交戦状態のただ中で執筆されている。このことは、交戦以前（1793年1月）の論考が、フランスとの戦争あるいは介入をおこなうための論理を必要としていたことと対照的である。つまり他国への介入、あるいは他国との戦争という国家間関係における大きなハードルは既に乗り越えられていた。バークは理論的であると同時に実践的である。この意味で、ウェルシュやハンプシャー＝モンクが提示する介入根拠の展開は、このバークが置かれた状況の変化を加味して再考される余地がある。

備考2：国家間関係——嫉妬と近接性

　アーミテイジは、18世紀後期を、国内と国外という境界線が大きな意味をもち始めた時代として特徴づける（Armitage 2013）。というのは、王朝、カトリック／プロテスタントという境界線がより大きな意味をもつ時代もあったからである。この論争挑発的な見解に従えば、18世紀後期の思想家にとって、他国、国家間関係がどのように認識されていたのか、という問い自体が大きな意味を帯びる。例えば、ブルは、

　　　このアナーキーの結果として諸国家はいかなる社会も形成しないし、も

しも形成すべきであればそれは諸国家が共通の権威に服従したときのみであろう、というのが、近代において国際関係をめぐり繰り返されてきた議論の一つであった。……それによれば、平和裡に暮らしていくために人々が共通の権威を畏れ敬う必要性こそが、諸国家も同じことをしなければならないという判断の根拠となる（Bull 1966, 35=25頁）

と述べるように、国際的アナーキーを「共通の権威への畏れと敬い」の欠如に求めた。個人と国家の相違についての思慮深い洞察や、世界政府批判をも射程に収めるブルの議論をこのように要約することは乱暴ではあるが、ここではこの点には踏み込まない。バークとスミスを例に、彼らが国家間関係をどのように既述しているのかを取り上げ、考察の糸口を探りたい。

　リチャード・バークが適切に指摘しているように、バークは、早期から、革命フランスとのあいだの国家間関係上に生じた問題を、近接性という概念で表現した。「フランスは、単なる近接性という事情ゆえに、これまで、そしてある程度は今後も、フランスの実際の軍事力、あるいはその影響力、模範という点で、われわれの警戒の対象である」（Burke 2015, 285, Army Estimates, 1790）。次のような記述もある。「フランスの近隣には疑いなく何かが存在しており、我々は自然かつ適切にその何かを警戒と嫉妬の対象とする。それには統治形態は関係ない」（Burke 1991, 488, Policy of the Allies, 1793）。近接性と警戒、嫉妬という三語は、『講和書簡』まで続くバークの論考にとって不可欠な概念である。

　こうした見解は、バークに限らない。例えばアダム・スミスは『道徳感情論』（第六版。1790年。本版は最終版に当たる）において、新たに書き加えた箇所に次のような考察を残している。

> 我々の愛国心は、他のあらゆる近隣国の繁栄や拡大を、もっとも悪意に満ちた妬みや、羨望をもって眺めようとする気分にさせることが、少なくない。近隣の独立国は、相互間の係争点に結論を下す共通の上位者（common superior to decide their disputes）をもたないから、互いに絶え間のない不安と疑念を抱いて、生きていくほかない。それぞれの国の統

治者は、隣国からの正義をほとんど期待できないため、できるだけ隣国から何も期待せずに、隣国を処遇する傾向がある。それぞれの国の法律、あるいはそれぞれの国が、他国との交渉の場で遵守の義務があると考えている旨、公表したり主張したりするたぐいの規則への配慮は、たんなる口実や表明以上のものでないことが多い（Smith, 1976, I, : 228=421-422頁）。

嫉妬は、18世紀の思想家にとって、国家間関係を特徴づける鍵概念であり、近隣国であるがゆえに、嫉妬は深まる。スミスはフランス革命以前に『法学講義』（LJ（B), 1766）の中で国家間関係を次のように考察している。

> 諸国家が相互に守るべき、あるいは守っている諸規則は、私法または公法のようには、正確に取り扱うことができないという点に、注意しなければならない。……しかし諸国民の法に関しては、すべての国家の共通の同意によって樹立され、また、そういうものとして常に守られる、何かひとつの規則をあげることは、ほとんどできない。このことは必然的にそうであるにちがいなく、なぜなら、相違点を決定する（settle）最高立法権力（supreme legislative power）も裁判官もいないところでは、われわれはつねに、不確定性と不規則性（uncertainly and irregularity）を予測するだろうからである（Smith et al. 1978 LJ（B）: 545=417頁）。

この二つの引用に顕著なように、スミスは、独立国家からなる国家間関係を上位者の欠如として描く。ただし注意すべきは、スミスが特徴づける欠如の帰結は、「不安と疑念」、「不確定性と不規則性」であるという点である。20世紀の解釈者がホッブズを援用して描写する「自然状態」とはほど遠い。再びバークに戻れば、彼は国家間関係を裁判官の欠如と要約する。次の引用は、ヴィンセントやウェルシュが、バークの介入論の解釈上の根拠としているテクストである。

> 一方で、独立国家間のように、任じられた裁判官が存在しない場合は、

近隣関係そのものが自然的な裁判官である。この国際関係上の近隣関係の法によって、我々は、予防のために自分自身の権利を主張でき、また、救済のために報復の権利を主張できる。隣人はお互いに隣人の行為について知っていると推定される。「隣人ハ隣人ノ行為ヲ知ルモノト推定サレル」。この原理は、これ以外もそうであるように、個人について言えることが国家についても妥当する。この原理によって、ヨーロッパの広範囲にわたる近隣関係に、危険で不愉快な建築物になりえる致命的な改革（capital inovation）について知る義務が課せられ、それを阻止する権利が授けられてきたのである。……私法的関係（civil society）では訴訟の理由になるものが、政治社会（politic society）では戦争の理由になる（Burke 1991, 251=917頁, *Regicide Peace* I, 1796）。

　国家間関係の共通権力の欠如ゆえに、スミスの独立国家が「引きこもりがち」であり、国家間関係に生じる問題に対してどのように対応すべきかについて、スミスは沈黙している。一方のバークは、裁判官の欠如を逆手にとり「近隣関係そのものが自然的な裁判官」とする大胆な議論を展開する。本稿はこの「大胆さ」を分析する余裕がない。重要なのは、18世紀後期の思想家が、国家間関係を近接性と嫉妬心という言語で語り、また彼らが共通する権力の不在ゆえに国家間関係を調整する難しさに気がついていた点である。加えて言えば、彼らは国家間関係を統べる神を降臨させていない。

　こうした論点は、これまで英国学派の国際社会論において主たる分析対象ではなかった。他方で、国際関係思想史においても踏み込んだ考察はなされていない。近接性という概念が他にどのような文脈で用いられていたか、あるいは嫉妬や警戒心を含めた間主観的な語彙が、フランス革命によってどのような変化を帯びたのか、あるいは帯びていないのか、という点は考察される余地がある[20]。

備考3：コンテクスト——ヴァッテル・モーメントとコモンウェルス

　最後に大きなコンテクストの再構築を挙げたい。再び、アーミテイジは、従

来は「思い上がり」をも含意した「独立」(independent) という概念が、18世紀後期に入り肯定的に受け入れられ、アメリカ合衆国の独立など、他の政治共同体に対する自らの政治共同体の自立化に寄与したと論じている（Armitage 2013, 224=320頁）。彼によれば、この転換に寄与した著作が、バークもたびたび言及する、ヴァッテルの主著『国際法、もしくは、国民および主権者の行為および諸問題に適用される自然法の諸原理』(1758) である。彼がヴァッテル・モーメントと呼ぶこの転換は留意に値する[21]。国家は、文字通り「非-依存」(independent) し、「堅い殻」を身に纏い、対外的な干渉から身を守るからである。バークが活躍した18世紀後期は、国家の独立の意味を模索する時代であったのかもしれない（彼のアメリカ独立に関わる論考からも明らかだが、従属的関係からの開放を手放しで喜ぶという感覚をバークは共有しない）。この意味でバークはヴァッテル・モーメントに抗った人物の一人である。ウェルシュらが紹介する介入についての論考の他に、バークが独立と相互依存の関係を考察する記述がある。

> なんの道徳的な拘束もなく、どこでも自分の思うままに行動する権利が人間にはある、という考え方があるが、そのような権利は存在しない。人間は決して互いに完全な独立状態にあるのではない。我々の本性はそのような条件にはない。したがって、人はみな重大な行動を追求しようとすれば、その行動が他者になんらかの影響を与えること、そして、もちろん、自らの行動に一定の責任が生じると考えることになる。人間が

---

20. 苅谷 (2022) は、このような問題意識や観点を発展させたものである。
21. もっともヴァッテル・モーメントという議論の切り口の妥当性は、検討される必要がある。異なる文脈ではあるが、例えば、エマニュエル・トゥルム＝ジュアネは、カント、ヘーゲル、オースティンの名を挙げ、彼らの国際法論は有益でありながらも、国際法学への貢献という意味では過大評価だとして次のように言い、19世紀をヴァッテル・モーメントと要約する。「彼らは、現に、思想史に非常に大きな貢献を果たしたものの、国際法それ自体の言説や実践を修正することはほとんどなかった。我々は、定期的に生じたこうした攻撃にもかかわらず、近代派の諸国民の法のヴァッテル的モデルが、19世紀のあらゆる法学者と外交官によって、実際に取り上げられたことを観察しなければならない」(Jouannet 2012, 111)。

相対的に立っている状況が、この責任についての原理と規則を生み出し、その行使に際して慎慮に図るよう求める（Burke 1991, 249=915-6頁, *Regicide Peace* I, 1796）。

　バークは、個人を類推の拠り所としながら、影響という概念に着目して、独立という言葉が文字通り、相互依存からの離脱と解釈されることを拒否した。この主張自体は、前項の近接性と重なる。だが、もしヴァッテル・モーメントという知的磁場が強力に働いていたのならば、バークはこの主張をあらためて説く必要があったはずである。

　次に再構成する必要があるのが、コモンウェルス論のコンテクストである。ウェルシュは、既に見たように、コモンウェルスの特徴を「一定の自律性と脱中心化」（Welsh 1996, 173=220頁）と要約した。ウェルシュ自身が言及しているわけではないが、例えばバークは、ヨーロッパの外交共和国（diplomatic republic of Europe）を連邦社会（federative society）と描写している（Burke 1990, 474, *Remarks on the Policy of the Allies*, 1793）。ここでは共和国という言葉を用いているが、コモンウェルスの特徴はこの連邦的性格に帰することができると思われる。確かにバークのコモンウェルス論は「中心」がなく、各国の自律を主張している。既に見たように、バークは類似性と行動の一致を主張するに過ぎない。

　この考察を進めて行くうえで、重要なのは、コモンウェルスという概念は、バークの独占物ではないという点である。彼のコモンウェルスという概念の利用にどこまで新規性があったのかを明らかにするためにも、同時代のコモンウェルスという語彙の利用法に注意を向ける必要がある。例えば、コモンウェルス論を複数の地域（主権国家）からなる、単一「国家」（共同体）と定義した場合、早期にヒンズリーが指摘しているように、モンテスキュー、ヴォルテール、ヒューム、ギボンなど、18世紀ヨーロッパで広く見られた論考が包含される（Hinsley 1963, 162-163=242-243頁）。バークの固有性が浮かび上がるのは、この比較においてのみである。

　このようなコンテクストの再構成が必要ではあるが、一つの解釈の方向性はある。ウェルシュとハンプシャー＝モンクは、バークのヨーロッパ・コモン

ウェルス論を、ヨーロッパを一つの「内国」とし、「私法」による介入を正当化するための論理として位置づけた。しかし別の解釈もできる。これも既にリチャード・バークについての考察の中で示唆したことだが（そしてウェルシュのいうメンバーシップの議論とも重なる）、バークは、コモンウェルスをフランスをヨーロッパから排除するための論理として用いていると解すこともできる。バークはブリテンなどの対仏同盟をコモンウェルスとして描く一方で、革命フランスを世界帝国と描写し、その異質性を強調する。フランスは「他国に対して海外帝国を拡張するフランスではない。世界帝国を試みるセクト」（Burke 1991, 267, *Regicide Peace* II, 1796）である。例えば、『講和第一書簡』には次のような記述がある。「この法学体系のなかには、諸国民の法の原理と基礎、そして全人類の偉大な紐帯が含まれていた。……彼ら〔フランス〕は自分たちがかつて結んだ条約を破棄しただけでなく、条約に効力を持たせる諸国民の法をも放棄したのである」（Burke 1991, 240=906頁, *Regicide Peace* I, 1796）。これは、フランスは外交交渉に値しないと言わんばかりの言明である。そしてこの解釈は、彼が『講和書簡』を執筆した意図と符合する。

　絶筆の論考である『講和第三書簡』（1797）は、この種の表現が増える。例えば、バークはエチケットを「主権国家間の交流で使われる信頼性のある正式の手段」と定義し、「エチケットが何か知らなければ、何が中身がなく相手をあきれさせるだけの些細な取り決めなのかどうかわからず、また、本来の礼儀正しい言動や実務的な取り決めを守るのに必要な形式なのかどうかわからず仕舞いである」（Burke 1991, 334, *Regicide Peace* III, 1797）とまとめ、エチケットを知らないフランスを皮肉る。コモンウェルス対世界帝国の構図が明瞭に登場するのも、『講和第三書簡』の特徴である。

　　　フランスの国王殺し政府は、あらゆる種類の均衡を破壊することで、自分たちが新種の帝国を建設する意図があることを公言する。この帝国はいかなる均衡にも基礎を置かない。この帝国は、むしろ一種の不敬な階層を形成し、この階層においてフランスは頭脳であり守護者に位置する。……彼ら国王殺し政府は、古い共同体の一部が一時的に存在することを

認める。彼らはこうした耐え忍ぶ諸国家に束の間の休息を与えるが、それは諸国家を自分たちに実際に依存する条件のもとで固定するためである。その一方で、彼らは諸共和国の側に諸国を取り込む。これらの諸共和国は、共和国の母をモデルとし、その意志に表面的にも実質的にも従属している。……フランスは、自分たちの新しい制度に基づいて、世界革命を起こし、それによって世界帝国を形成するつもりである（Burke 1991, 339, *Regicide Peace* Ⅲ, 1797）。

　彼が描写するフランスという世界帝国は、フランスという「中心」をもち、均衡を破壊し、各国を「周辺」に置く国家である。連邦的性格をもつコモンウェルスとの対比が、強く意識されているように思われる。このように、「中心」、「周辺」という分析概念を加えてバークの論考を考察することは、英国学派との対話に繋がるのではないだろうか。

結びに代えて——国際社会論への含意

　以上、本稿は、英国学派とケンブリッジ学派でなされる、バークの国家関係についての論考を考察してきた。また、英国学派とケンブリッジ学派の議論のすれ違いを念頭に、筆者の考える解釈の方向性を提示した。そして英国学派では主たる考察の対象となってはいないものの、分析に取り入れることで国際社会論の記述を「厚く」することができると筆者に思われる論点を幾つか挙げた。ここで挙げた論点は、バーク解釈の見直しに留まらない意味をもつと思って挙げたものである。
　グローバリゼーションが進展する21世紀前期において、近接性の意味は既に薄れていると考えることもできる。地理的な意味で近接していない地域間で、問題が生じることもあるからである。だが、数多くの国際紛争は、今なお、近隣しているがゆえに発生していることも事実である。そして、嫉妬や警戒心という、現代の語彙としても、学術用語としても古めかしいこれらの言葉は、通常、ナショナリズムとして読み直される。しかし、バークやスミスの論考が示

唆しているのは、必ずしも「偏狭」なナショナリズムではなく、人間の本性や社会認識に深く根ざした感覚ではないだろうか。

　最後に、バークの「近隣関係そのものが自然的な裁判官」であるとする大胆な議論について触れて、本章を閉じたい。筆者は必ずしもバークのこの見解を擁護する立場をとらないが、一方でこのバークの大胆さは、国家間関係のアポリアを示唆しているように思える。19世紀以降、国際法、国際機構や国際フォーラムが進展したことで、我々は、国家間あるいはグローバルな問題を処理する手段を増やしてきた。この意味で既にバークの世界を後にしている。だが、「〇〇ファースト」という言説が一定の説得力をもち、「中立的な第三者」が通常、当事者意識を欠くのであれば、我々はバークの言葉を思い出すことになるだろう。今なおバークから学ぶことがあるとすれば、このアポリアなのである。

参考文献

Armitage, David. 2000. "Edmund Burke and Reason of State." *Journal of the History of Ideas* 61（4）：617-34.

―――. 2013. *Foundations of Modern International Thought*. Cambridge：Cambridge University Press.（平田雅博・山田園子・細川道久・岡本慎平訳,『思想のグローバル・ヒストリー――ホッブズから独立宣言まで』, 法政大学出版局, 2015 年）.

Baji, Tomohito. 2021. *The International Thought of Alfred Zimmern：Classicism, Zionism and the Shadow of Commonwealth, Basingstoke*：Palgrave Macmillan.

Boucher, David. 1991. "The Character of the History of the Philosophy of International Relations and the Case of Edmund Burke." *Review of International Studies*, 17（2）. 127-48.

Bourke, Richard. 2009. "Edmund Burke and International Conflict." In *British International Thinkers from Hobbes to Namier*, edited by Lisa Hill and Ian Hall, 91-116. Basingstoke：Palgrave Macmillan.

―――. 2015. *Empire and Revolution：The Political Life of Edmund Burke*. Princeton：Princeton University Press.

―――. 2016. "The Cambridge School." https：//projects. history. qmul. ac. uk/hpt/wp-content/uploads/sites/7/2016/06/The-Cambridge-School. pdf.（最終アクセス日：2024年6月25日）

―――. 2018. "Revising the Cambridge School." *Political Theory,* 46（3）, 467-477.

Bull, Hedley. 1966. "Society and Anarchy in International Relations." In *Diplomatic Investigations*, edited by Herbert Butterfield and Martin Wight, 35-50. London：Allen & Unwin.（佐藤誠訳「国際関係における社会とアナーキー」, 佐藤誠・安藤次男・龍澤邦彦・大中真・佐藤千鶴子・齋藤洋他訳『国際関係理論の探求――英国学派のパラダイム』, 35-50頁, 日本経済評論社, 2007年）.

Burke, Edmund. 1990. *The Writings and Speeches of Edmund Burke, Volume Ⅷ：The French Revolution 1790-1794*. Edited by L. G. Mitchell. Oxford：Oxford University

Press.

―――. 1991. *The Writings and Speeches of Edmund Burke Volume Ⅸ：Part I. The Revolutionary War, 1794-1797；Part Ⅱ. Ireland*. Edited by R. B. McDowell. Oxford：Oxford University Press.（中野好之編訳『バーク政治経済論集』, 法政大学出版局, 2002年）.

―――. 2015. *The Writings and Speeches of Edmund Burke：Volume Ⅳ：Party, Parliament, and the Dividing of the Whigs, 1780-1794*. Edited by P. J. Marshall, Donald Bryant, and Paul Langford. Oxford：Oxford University Press.

Christov, Theodore. 2015. *Before Anarchy：Hobbes and His Critics in Modern International Thought*. New York：Cambridge University Press.

Dunne, Tim. 1998. *Inventing International Society：A History of the English School（St Antony's Series）*. 1998th ed. Basingstoke：Palgrave Macmillan.

Hampsher-Monk, Iain. 2005. "Edmund Burke's Changing Justification for Intervention." *The Historical Journal,* 48（1）, 65-100.

Hinsley, F. H. 1963. *Power and the Pursuit of Peace：Theory and Practice in the History of Relations Between States*. London：Cambridge University Press.（佐藤恭三訳, 『権力と平和の模索―国際関係史の理論と現実』, 勁草書房）.

Jouannet, Emmanuelle. 2012. *The Liberal-Welfarist Law of Nations：A History of International Law*. Cambridge：Cambridge University Press.

Laski, Harold Joseph. 1920. *Political Thought in England from Locke to Bentham*. Home University Library of Modern Knowledge. New York：Holt.（堀豊彦・飯坂良明訳, 『イギリス政治思想Ⅱ―ロックからベンサムまで』, 岩波現代叢書, 1958年）.

Simms, Brendan. 2011. "'A False Principle in the Law of Nations'：Burke, State Sovereignty, [German] Liberty, and Intervention in the Age of Westphalia." In *Humanitarian Intervention：A History*, edited by Brendan Simms and D. J. B. Trim, 89-110. Cambridge：Cambridge University Press.

Smith, Adam, Ronald L Meek, D. D Raphael, and Peter Stein. 1978. *Lectures on Jurisprudence. Vol. 5. The Glasgow Ed. Of the Works and Correspondence of Adam Smith*. Indianapolis：Liberty Classics.（高哲男訳, 『道徳感情論』, 講談社学術文庫,

2013年).

Smith, Adam. 1976. *The Theory of Moral Sentiments. Vol. 1. The Glasgow Ed. Of the Works and Correspondence of Adam Smith*. Edited by D. D Raphael, and A. L Macfie. Indianapolis：Liberty Classics.（水田洋訳,『法学講義』, 岩波書店, 2005年).

Tuck, Richard. 2001. *The Rights of War and Peace：Political Thought and the International Order from Grotius to Kant*. New Editon. Oxford：Oxford University Press.（萩原能久監訳,『戦争と平和の権利──政治思想と国際秩序：グロティウスからカントまで』, 風行社, 2015年).

Vincent, R. J. 1984. "Edmund Burke and the Theory of International Relations." *Review of International Studies,* 10, 205-18.

Welsh, Jennifer M. 1995. *Edmund Burke and International Relations：The Commonwealth of Europe and the Crusade Against the French Revolution*. St. Antony's/Macmillan Series. Houndmills, Basingstoke, Hampshire：Macmillan Press.

———. 1996. "Edmund Burke and the Commonwealth of Europe：The Cultural Bases of International Order." In *Classical Theories of International Relations*, edited by Ian Clark and Iver B Neumann, 173-92. New York：St. Martin's Press.（高橋和則訳,「エドマンド・バークとヨーロッパというコモンウェルス──国際秩序の文化的基盤」, 押村高・飯島昇蔵ら訳,『国際関係思想史──論争の座標軸』, 新評論, 173-192頁, 2003年).

———. 2013. "Edmund Burke and Intervention：Empire and Neighborhood." In *Just and Unjust Military Intervention：European Thinkers from Vitoria to Mill*, edited by Stefano Recchia and Jennifer M. Editors Welsh, 219-36. Cambridge University Press.

Wight, Martin. 1966. "Western Values in International Relations." In *Diplomatic Investigations*, edited by Herbert Butterfield and Martin Wight, 89-131. London：Allen & Unwin.（池田丈祐訳「国際関係における西洋的価値」,『国際関係理論の探求──英国学派のパラダイム』, 日本経済評論社, 91-145頁, 2010年).

Wight, Martin. 1996. *International Theory：The Three Traditions*. Edited by Gabriele Wight, and Brian Porter. London：Leicester University Press for the Royal Institute of International Affairs.（佐藤誠・安藤次男・龍澤邦彦・大中真・佐藤千鶴子訳『国際理

論―三つの伝統』, 日本経済評論社, 2007年).

Zimmern, Alfred Eckhard. 2016. *Nationality & Government, with Other Wartime Essays*. Wentworth Press.

大中真. 2010.「英国学派の源流―イギリス国際関係論の起源」,『一橋法学』, 9（2）, 249-267。

角田俊男. 2017.「戦争・帝国・国際関係」, 中澤信彦・桑島秀樹（編）『バーク読本―〈保守主義の父〉再考のために』, 268-89, 昭和堂.

苅谷千尋. 2022.「嫉妬の国際政治学」『グローバル・ガバナンス』, 8, 51-64。

馬路智仁. 2012.「アルフレッド・ジマーンの国際的福祉社会の構想」,『国際政治』2012（168）, 16-29。

―――. 2015.「それゆえコモンウェルスへ身体を捧げた―アルフレッド・ジマーン『ギリシャの共和国』と帝国共和主義」,『年報政治学』, 2015（1）, 191-212。

安武真隆. 2014.「政治理論と政治思想史―Ｊ・Ｇ・Ａ・ポーコックと「ケンブリッジ学派」」, 井上彰・田村哲樹（編）『政治理論とは何か』, 183-215, 風行社.

第4章

イギリスの人道的介入からみえる
国際社会の現在地——戦争、大国、国際法

小松 志朗

はじめに

　冷戦の終結から三十年以上が過ぎたいま、世界を見渡すと権威主義化の波が広がっている。多くの研究やデータが示すように、民主主義の後退と権威主義の隆盛は現代政治の重要なトレンドである。権威主義陣営の代表たる中国は、西洋の民主主義に勝る新たな政治モデルを確立したとの自信を隠そうとはせず、非西洋の権威主義国同士の連携も増えてきた。一方、アメリカはこうした動きに対抗する姿勢を強め、「民主主義サミット（The Summit for Democracy）」を立ち上げるなど民主主義陣営の結束と巻き返しを図っている。

　民主主義陣営が特に苦戦を強いられてきた場所の一つが、中東（北アフリカを含む）である[1]。2000年代〜2010年代に、アメリカをはじめとする西洋の民主主義国が中東の国々に対する軍事介入に乗り出す際、人権・民主主義の保護や促進を介入の目的（の一部）に掲げることが通例だった。ところが結果は芳しくない。主な介入の舞台となったアフガニスタン、イラク、リビア、シリアのいずれをみても、政治体制に関してアメリカが望む方向の変化は起きなかった。中東に民主化の波は広がらなかったのである。

　シリアは象徴的な事例である。2011年に「アラブの春」が同国に波及すると内戦が勃発、一般市民に対するアサド政権（Bashar al-Assad）の容赦ない武力弾圧により難民と死亡者が増え続け、今世紀最悪の人道危機と評されるほど事態は悪化した。これに対してアメリカなど西洋諸国は非難の声を上げたり、経済制裁を課したり、アサド政権の退陣を求めたり、限定的な軍事介入をしたりと様々な策を講じてきた。しかしアサド政権が態度を改めたり、崩壊したりすることはなく、逆に反体制派の勢いが先に衰えた。同政権は非人道的な弾圧を理由にアラブ連盟の参加資格を2011年から停止されていたが、2023年5月に復

---

1. フランツによれば、今日の権威主義体制はほとんどがサハラ以南のアフリカ、アジア、中東・北アフリカの国々である。そのうち増加傾向が特に顕著なのはアジアで、1991〜2014年の間に14ヶ国から17ヶ国に増え、世界全体に占める割合も19％から29％に増えた（フランツ 2021：61-62）。

帰が認められた。さらに同年9月にはアサド大統領と中国の習近平国家主席が会談し、両国の関係を「戦略的パートナーシップ」に格上げすることを決めた。内戦の開始から十余年を経て、シリアは地域と世界の国際舞台に戻り始めている。

　シリアとは対照的に、リビアでは米英仏主導の軍事介入により独裁政権があっけなく崩壊した。2011年、シリアと同じように「アラブの春」を契機に始まった内戦において、カダフィ政権（Muammar Al-Qadhafi）が一般市民に対する武力弾圧を続けるなか、大量虐殺の恐れが高まったと判断した米英仏が軍事介入に乗り出すと（後に北大西洋条約機構（NATO）が引き継いだ）、半年も経たないうちに同政権は倒れたのである。この事例は保護する責任（Responsibility to Protect：R2P）に基づく介入、あるいは人道的介入として学問的な関心を集め、論争の的になってきた。一見したところ、リビア介入は民主主義国の強さや優位性を物語るように思える。だが実際はどうなのか。介入後のリビアの政治情勢は悪化しており、民主化の動きは遅々として進んでいない。独裁政権が崩壊したとはいえ、結局のところ民主主義国は望む成果を得られなかったようにみえる。

　このように、シリアとリビアの介入事例を合わせて振り返ったとき、民主主義国、とりわけ米英仏というリベラルな大国が何らかの弱さを抱えている現実が垣間みえる。本章ではこの点を掘り下げるべく、人道的介入に関するイギリスの行動と論理を英国学派の視点で分析する。冷戦後の国際社会において、「中心」にいる西洋の大国が「周辺」の中東に介入することは、パワーの格差を背景とした強者の行いに他ならない。しかし、そこにある種の弱さも潜んでいたとすれば、それは何を意味するのか。本章の目的は、人道的介入をめぐって大国の強さと弱さが入り混じる現実に注目し、その理論的な解釈を通じて国際社会の現在地を描くことである。

1. 民主主義と権威主義の攻防

　20世紀後半の米ソ冷戦は、大国間のパワーの優劣をめぐる対立であったのと

同時に、政治体制の優劣をめぐる競争でもあった。民主主義と共産主義が、どちらの方が豊かで力強い社会を実現できるのかを競い合っていたのである[2]。それゆえ、冷戦末期に東欧の共産主義体制が次々と崩壊し、最終的にはソ連という国家そのものが消滅したことは、民主主義陣営にとっては「勝利」を意味した。この頃に一世を風靡したフクヤマ（Francis Fukuyama）の「歴史の終わり」論は、当時の政治的な趨勢や社会の雰囲気を表現するものだった。

冷戦終結後の1990年代には、アメリカのブッシュ・シニア政権（George H. W. Bush）が自由と民主主義に基づく「新世界秩序」の構想を掲げ、続くクリントン政権（Bill Clinton）は民主主義と市場経済を世界に広める「関与と拡大戦略」にまい進した。2000年代に入ると、パワーの面で他国の追随を許さないアメリカの単独行動主義が露骨に現れるようになり、その帰結として起きたのが、ブッシュ・ジュニア政権（George W. Bush）が2003年に始めたイラク戦争とフセイン政権（Saddam Hussein）の崩壊、すなわち中東における体制転換だった。この時期のアメリカという大国の活発な動きは、民主主義という政治体制の優位性と表裏一体の形で展開したといえる。ナウ（Henry R. Nau）の言葉を借りれば、冷戦が終わった後、アメリカは「度を過ぎた」パワーをもつようになり、「もはや共産主義者の反発を引き起こすことを恐れなくなったため、何の制約を受けることもなく民主主義を推進できるようになった」のである（ナウ 2006：184）。

ところが2010年代以降、時代の趨勢はがらりと変わった。いまや民主主義にかつての勢いは感じられず、むしろ権威主義の隆盛が目覚ましい。リューマンとリンドバーグ（Anna Lührmann and Staffan I. Lindberg）は2019年の論文において、世界中の政治体制に関するデータをもとに、民主化とは逆方向の権威主義化の波が進行中であると論じた（Lührmann and Lindberg 2019）。権威主義体制に関する先行研究を包括的にレビューしたフランツ（Erica Frantz）も、こう

---

2. 冷戦の体制間競争の側面を重視するナウは、次のように述べる。「冷戦が著しく危険だったのは、単に米ソが核兵器を保有する超大国だったからではない。この両国は、パワーがどのような政治的目的に役立つのかという点についても意見を異にしていた。一方は自由民主主義的な未来を求め、他方は全体主義的・共産主義的な未来を求めた。……米ソの国内制度がもっと似通ったものであったなら、両国の対立があれほど深刻化することはなかっただろう（ナウ 2006：169）」。

述べる。「民主主義体制から権威主義体制への移行のほうが、権威主義体制から民主主義体制への移行よりも上回っている……。……多くの観察者の総意は権威主義の増加が生じている、もしくは少なくともそうした状況が起こりつつあるというものである（フランツ 2021：59）」。同様の指摘は他でも多くなされており（Diamond 2019；V-dem 2024；杉浦 2020：180-183；レビツキー・ジブラット 2018）、権威主義化の波に勢いがあることは否定できない[3]。

　その波紋は国際政治に広がっている。人権や民主主義をはじめとする西洋のリベラルな価値観を軸に作られた「リベラル国際秩序」が、中国などの権威主義国の勢いに押されて揺らいでいる―近年、そのような危機意識が欧米を中心に強まっている。アメリカの外交専門誌 *Foreign Affairs* はその種の議論が盛んであり、例えばミード（Walter Russell Mead）は2021年に、リベラル国際秩序の淵源を戦間期のウィルソン米大統領（Thomas Woodrow Wilson）の思想に見出し、それを「ウィルソン的秩序」と呼んだうえで、次のように警鐘をならした。「法に基づき、国家間の平和と各国内の民主主義を守る普遍的秩序の夢は、世界のリーダーたちの仕事の中でどんどん影をひそめていくだろう。……ウィルソン的秩序を引き裂く遠心力は現代世界の本質にとても深く根を下ろしているので、トランプの時代が終わったからといって、ウィルソン的プロジェクトが最も野心的な形で復活することはない。……アメリカの大統領がリベラル国際主義の原則を軸に外交政策を作り上げていた、冷戦後のあの平穏で幸福な時代は、すぐに戻りそうにはない（Mead 2021：124-125）」。モンク（Yascha Mounk）も同年にこう述べた。「世界が目の当たりにしてきたのは、民主主義の後退というより権威主義の復活である。独裁者たちは、長い間とにかく生き残ることに専念してきたが、いまや攻勢に転じた。この先の数十年は、民主主義と独裁の競争が長期にわたり延々と続くだろう（Mounk 2021：163）」。

　実際、アメリカの政策決定者は体制間競争を強く意識している。例えば、トランプ政権（Donald J. Trump）のペンス副大統領（Michael R. Pence）が2018

---

3. ダイアモンド（Larry Diamond）は、1970年代から続いた民主主義の拡大の流れが2006年に止まり、翌年から逆の流れが始まったとみている（Diamond 2019：17）。

年10月の演説において、中国の権威主義体制を厳しい言葉で批判し[4]、2020年7月には同政権のポンペオ国務長官（Michael R. Pompeo）も、中国がますます権威主義化を強めている、習近平は全体主義の信奉者である、民主主義国の同盟を新たに作らなければならないといった主張を、公の場で繰り広げた[5]。佐橋の言葉を借りれば、アメリカではトランプ政権期に「中国が世界経済やアジア地域の軍事バランスを変えるだけでなく、国際秩序を支えるルールや規範に影響を与え、世界各国の権威主義化さえ促進しているとの焦りが……深まった（佐橋 2021：131）」。トランプの後を継いで2021年1月に大統領に就任したバイデン（Joe Biden）も、21世紀は民主主義と権威主義の対決の時代になると明言した[6]。

2. 冷戦終結の帰結

　以上の時代背景のもと、西洋のリベラルな大国は冷戦後の世界で権威主義国に対する軍事介入を繰り返してきた。本章では特に人道的介入に注目し、介入側の一角を占めるイギリスに焦点を合わせて、リビアとシリアの事例を英国学派の視点で分析する。

　理論面の出発点となるのは、英国学派の最重要人物ブル（Hedley Bull）の国際社会論である。彼は主著*The Anarchical Society*（邦訳名『国際社会論』）において、勢力均衡、国際法、外交、戦争、大国の5つが国際社会の主要な制度であると論じた（ブル 2000：244-278）[7]。言い換えれば、これらの制度が機能することにより国際秩序が保たれるのである。ここでは、人道的介入の問題に直接関わる国際法、戦争、大国の3つについて考えたい。

　まずは戦争から話を始めよう。戦争を国際社会の「制度」とみなす考えは、一般的には（特に日本人にとっては）受け入れ難いものかもしれない。しかしブ

---

4. "Remarks by Vice President Pence on the Administration's Policy Toward China," October 4, 2018.（ホワイトハウスHP、2020年8月1日アクセス）。
5. "Communist China and the Free World's Future," July 23, 2020.（米国務省HP、2020年8月1日アクセス）。
6. "Remarks by President Biden in Press Conference," March 25, 2021.（ホワイトハウスHP、2021年5月20日アクセス）。

ルにいわせれば、「戦争が、共通の目標を推進するために形づくられた固定的行動の型であるという意味では、これまでもそのような社会の制度であったし、今もそのような制度であり続けていることに疑問の余地はない（ブル 2000：225）」。つまり戦争は、国際社会における何らかの「共通の目標」を達成するための正当な手段として機能してきたというのが、彼の見方なのである[8]。

ブルは冷戦の終結をみることなく1985年に亡くなったが、彼が制度とみなした戦争は冷戦後の国際社会で新たな存在意義を獲得した。英国学派の系譜においてブルの後継者といえるハレル（Andrew Hurrell）[9]が、2008年の著書で次のように述べている。

　　戦争は依然として政府の政策の主要な手段である。実際、冷戦が終結し、核戦争の危険性が低下したことで、戦争が許容されやすくなり、軍事力

---

7. なお、彼はこれら5つの制度に加えて、国家それ自体も制度であると考えていた。なぜなら、国際社会における規則を実効的なものにすることに関して、国家が重要な役割を担っているからである（ブル 2000：90）。ただし、次の記述から分かるように、国家と5つの制度は次元が異なる。「こうした制度〔5つの制度〕は……国家が政治的機能を果たす際の国家間の協力の要素の表現である —— 同時に、そのような協力を支える手段でもある。こうした制度は、その構成員〔国家〕の機械的総和より大きな存在である国際社会を象徴し、国際社会の政治的機能を果たす構成員の協力に実体性と永続性を与え、構成員の共通利益を見失う傾向を抑えるのに役立つ（同上：93-94）」。そのうえで彼は、The Anarchical Societyの第2部で5つの制度それぞれに一章をあてて詳しく論じている。以上の点を踏まえて、本稿では国家以外の5つの制度に焦点を絞る。
8. 戦争に対する関心の強さは、英国学派の系譜における一つの伝統である。ワイト（Martin Wight）は、学問的な研究対象としての戦争の重要性を次のように強調した。「学問研究では忘れられがちなことだが、戦争は国際関係における中核的な特質をなす。……革命が国内政治の究極的な特質をなすように、戦争は国際関係における究極的な特質をなす。国際理論の専門家がどれだけ深い知識や洞察力を持つかについての試金石は、彼が戦争について何を語りうるかということである（ワイト 2007：280）」。また、大中が主張するように、ブルとワイトは同じ大学・学部の先輩と後輩にあたり、職場の同僚でもあり、そしてブルがワイトに多大な影響を受けていることを自覚し、「終生変わらぬ尊敬の念を持って接していた」ことから、「英国学派を理解するためにも、またブルをより深く読み込むためにも、ワイトの思想について考察を加えることは、非常に重要」である（大中 2013：26）。
9. ハレルはオックスフォード大学でブルの指導を受けていた。英国学派の人的系譜・ネットワークは、スガナミが詳しく説明している（スガナミ 2013：3-8）。

を合法的かつ正当に行使できる目的の幅も広がったことは、重要である。この点は特にアメリカとイギリスについていえた。伝統的なハードな安全保障の目的に加え、非伝統的な安全保障の脅威（テロリズムなど）に対処する際に、またリベラルな目的を追求する手段（人道的介入など）としても、強制力は重要な役割を果たすようになった。……現代の安全保障上の課題は、武力行使と新たな形の介入主義を正当化する新たな理由を提供してきた（Hurrell 2008：165-166）。

　要するに、英国学派の視点からみて制度としての戦争は、冷戦終結を契機に、パワーで他を圧倒する西洋の大国が様々な目的で軍事介入をしやすい環境が整ったという意味で、活性化したのである。しかし、これに疑問を感じる人は少なくないだろう。一部の大国が自由に武力を行使できることは、果たして国際社会にとって良いことなのか。

　そこで次に目を向けたいのが、大国という存在である。国際政治学において一般的に大国はアクターとして扱われるが、それを制度として捉えるところに英国学派の特色がある。すなわち、ごく一握りの大国は普通の国々とは違い、国際社会に対する特別な責任を負う存在とみなされるのである。英国学派がリアリズムと違う点を述べる文脈で、モリス（Justin Morris）はこう指摘する。「大国の責任の実際の範囲をめぐって英国学派の内部で論争はあるが、それにもかかわらず、特定の国々にはその強さゆえに特別な社会的役割を果たす義務があるとの意見を〔同学派が〕認めていることは、大国に対する考え方に関してリアリストと英国学派がいちばん違うところである（Morris 2011：330）」。ジャクソン（Robert A. Jackson）も次のように述べる。「少数の国家だけが世界全体の平和と繁栄に対する大きな責任を負っている。もし世界政治において責任がパワーの分身（alter-ego）だとすれば、為政者の責任はどこの国も同じということはあり得ない。なぜなら、彼らの有する軍事的・経済的パワーは明らかに同じではないからである。各国のパワーの土台をなす実質的状況は世界中でかなりバラつきがある。そうなると、われわれはやはり大国とそれ以外という根本的な区分に立ち戻る（Jackson 2000：141）」。一言でいうなら、パワーには責

任が伴うと英国学派は考えるのである。なお、英国学派の議論では制度としての大国を、言葉を補い「大国による管理（Great Power Management：GPM）」と言い表すこともある。以下では、適宜このGPMを用いたい。

　大国の責任、あるいはGPMの中身が時代とともに変化することを論じたのは、ブザン（Barry Buzan）である。ブルの国際社会論は冷戦という時代背景の制約もあり、人権保障といった正義の追求よりも国家間の秩序の維持を優先する多元主義の立場に立脚するものだった。これに対してブザンは、時代が変わって国際社会のあり方も変われば大国に求められる責任も変わる、あるいは広がると論じた（ブザン2017年；Cui & Buzan 2016）。英国学派のなかで、国際社会における正義を重視する立場は連帯主義と呼ばれてきた。その文脈で、冷戦後に大国の責任は多元主義の範疇を超えて、連帯主義を含む方向に拡大・多様化してきたと説明される。

　ここに、制度としての戦争との接点を見出せる。ハレルが指摘したように、冷戦後の世界では合法的で正当な軍事力の使用目的が広がり、例えば人道的介入などリベラルな目的を掲げる戦争が許容されやすくなった。そして彼がアメリカとイギリスの名前を挙げたことから分かるように、そうした戦争を主導するのは民主主義の大国である。その大国はいま、GPMの観点からみて冷戦期よりも幅広い問題群に関して責任を負うようになった。つまり、制度としての戦争の活性化と、制度としての大国の責任の拡大・多様化が結びついたところに、冷戦後の人道的介入を位置付けることができる。

　だからといって、大国が何をしても良いわけではない。大国の行動、特に戦争には一定の制約がなければ秩序は安定しない。そこで重要なのが国際法という制度である。今日の国際法は武力不行使原則と内政不干渉原則を確立しているが、その例外として認められるのが自衛の武力行使と、集団安全保障体制の軍事的な強制措置である。人道的介入の文脈で大国の責任に関わるのは後者であり、具体的には安保理決議が焦点になる。というのは、安保理決議こそが集団安全保障体制における正当な武力行使を可能にするからである。

　安保理は、冷戦中は米ソ対立ゆえに機能不全に陥っていたが、こちらも冷戦終結により活性化の機運が高まった。英国学派のなかで特に正当性の問題にこ

だわってきたクラーク（Ian Clark）が、次のように指摘する。「冷戦終結に伴い、国連体制に対する信頼が再び高まったことで、国際的な行動を国連が許可することが再び可能になったように思われた。その文脈において、安全保障理事会の投票や決議は、国際社会全体の雰囲気を表すものであり、また特定の問題に対する国際的なコンセンサスの有無を表すものであるとの解釈が、信憑性をもち得るようになった（Clark 2005：194）」。これを人道的介入の文脈で言い直せば、冷戦のくびきが消えたことにより、安保理が介入に国際的な正当性を付与する機会が多くなるとの見通しが生まれたのである。

　以上、ブルの国際社会論に立ち返り、戦争、大国（GPM）、国際法という3つの制度に注目して、人道的介入の問題を念頭に理論的な視点を整理した。まとめるなら、冷戦の終結により制度としての戦争が活性化し、大国の責任が拡大・多様化し、そして大国の軍事介入に正当性を付与する安保理も活性化したのである。

　次節では、これら3つの制度のうちGPMを軸に議論を進めたい。制度としての戦争にせよ、それを規制する国際法（安保理）にせよ、現実にそれらが国際社会の共通利益に資する形で機能するには、各大国の適切な行動と大国間協調が必要になる。こうした見方は、ブルの国際社会論の本質に沿うものといえる。佐藤が指摘するように、その国際社会論は「大国間関係を主軸とする国際秩序の模索にすぎず、また国際社会が抱える問題を軍事的イシューに限定している」と批判できるものの、「大国の行動が国際秩序に大きな影響を及ぼしていること、また国際社会が抱える問題の1つとして軍事問題が発生していることは疑いようのない事実」であり、それゆえ「大国間関係と軍事的イシューから国際社会を専ら検討しているからこそ、きわめて重要な研究ともいえる」（佐藤 2013：99-100）。従って、大国による人道的介入をGPMの観点から分析することは、英国学派ならではの視点で国際社会の重要な側面を描くことになる。

3. 大国の強さと弱さ

　しかし現実問題として、大国にどこまで大国としての自覚と行動を期待でき

るのか。英国学派のなかでも、大国は国際社会の問題を解決するよりむしろ生み出す存在であり、GPMは制度の名に値しないとの見方がある（Holsti 2004：21-22, 25-26）。ここで思い出したいのは、ハレルが冷戦後の世界における戦争の活性化を論じる際に、それは特にアメリカとイギリスに関して顕著だと指摘したことである。確かに、冷戦後の数々の軍事介入を振り返ると、両国が主導したケースは多い。どちらもリベラルな価値観をもつ民主主義国であり、一連の介入の背景には民主主義という理念、価値観があった。冷戦終結直後のアメリカを率いた2人の大統領、ブッシュ・シニアとクリントンについて、アイケンベリー（G. John Ikenberry）がこう述べている。

> 冷戦が終結すると、ただちにブッシュ・シニア政権は、NATOのメンバー国が築いているのは共産主義に対抗するための単なる防衛同盟ではないということ——そして、この同盟が、メンバー国が共有する価値観と共同体を積極的に具現化するものでもあること——を同盟諸国に思い出させた。主なスピーチの中で、ブッシュ大統領も、ベーカー国務長官も、欧州大西洋共同体と『民主主義的平和圏』を話題にした。……クリントン政権も、NATOの拡大を提唱するに当たり、民主的共同体についての同様な感情を喚起するようになった（アイケンベリー 2006：159）。

だが果たして、両国が主導してきた介入はGPMの実例といえるのか。批判的な観点からまず思い浮かぶのが、2003年のイラク戦争である。この戦争は人道的介入ではないが、リビアとシリアの事例の特徴をつかむための補助線として簡単に触れておきたい。

米英がイラクの大量破壊兵器保有疑惑を理由に先制攻撃の準備を進めたが、安保理において中ロはもちろんのこと、米英の同盟国であるフランスとドイツも反対したため、武力行使を認める決議は採択されなかった。それでも米英は戦争に踏み切り、果てはイラクの体制転換まで引き起こした。このとき米英は2つの点で国際法に違反していた。一つは安保理決議のないまま武力行使を強行した点（武力不行使原則の違反）、もう一つは当事国の意志に反して政治体制

を覆した点である(内政不干渉原則の違反)。一般論として、大量破壊兵器の拡散を止めるために行動することは大国の責任の一部といえる[10]。だが、安保理決議なき武力行使による体制転換が、責任の果たし方として妥当なものとは言いがたい。しかも、結局イラクが大量破壊兵器を保有していた事実はなかった。つまり、存在しない架空の問題を理由に、安保理決議なき武力行使が実施され、その帰結として体制転換が起きたわけである。イラク戦争は大義も決議もない武力行使だったといえよう。

　2011年のリビア介入はイラク戦争と似たところがある。両事例に共通するのは、民主主義国の軍事介入が中東の権威主義国の体制転換をもたらしたことである。大きく違うのは、リビア介入では人道危機が現実の深刻な問題である点について国際社会の共通認識があったこと、およびそれを理由に武力行使を認める安保理決議(2011年3月17日の決議1973)が採択されたことである。つまりリビアでは、人道危機という現実の問題を理由に、安保理決議に基づく武力行使が実施され、その帰結として体制転換が起きたのである。

　しかし注意すべきは、「安保理決議に基づく武力行使」と「安保理決議に基づく体制転換」がイコールではない点である。カダフィ政権による苛烈な武力弾圧をみて安保理が武力行使を認めたのは、あくまで一般市民を保護するためだった。ところが実際の介入は「保護」にとどまらず、体制転換まで突き進んだ。そのように介入の展開が安保理決議の範囲から逸脱したことに、中国やロシア、アラブ諸国などが強く反発した(Bellamy and McLaughlin 2018：120-121；小松 2014：252；立石 2013：153-154)。例えば、介入の最中に開かれた安保理会合において、中国の代表はこう主張した。「いかなる勢力も、一般市民を保護するという名目で、体制転換や内戦への関与を試みることがあってはならない(UN Doc., S/PV. 6531, May 10, 2011：20)」。要するに、リビア介入は大義も決議もなかったとはいえないが、どちらも体制転換を正当化できるほど十分ではなかったという意味で、国際法から部分的に逸脱した介入だった。

---

10. ブルは冷戦期の文脈で、米ソが核の不拡散に取り組む(べき)ことを大国の責任として論じていた(ブル 2000：271-273)。

加えて、介入する側が体制転換を明確な目標に設定していたのかどうかも判然としない。この点についてイギリスを例に考えてみよう。イギリス政府は当時、この介入について「その決断は、リビア国民を保護するために必要だから下された」とか、「リビアにおける我々の目的は、カダフィと彼の部隊による罪のない人々の大量殺戮を止めることである。市民の犠牲を避けることが、この目的の中核にある」と説明していた（小松 2014：256）。だがその一方で、イギリスの政策決定者はしばしばリビアの体制転換を狙っていることを明言した。例えば、2011年3月にリビア情勢について話し合うために開かれた国際会議において、キャメロン首相（David Cameron）は「今日がリビアの新しい幕開けになる。リビアの人々が自分で運命を決め、暴力や抑圧から解放される未来を信じている」と述べ、ヘイグ外相（William Hague）もカダフィ政権が「完全に正当性を失っており、自らの行動の責任を負うという認識で〔会議の参加者が〕一致した」と語った（『朝日新聞』2011年3月30日朝刊：8；夕刊：3）。他にも、キャメロン首相を含む米英仏の首脳が同年4月に連名で新聞に寄稿した文章には、安保理決議1973に記された責務は「一般市民を保護すること」であり「カダフィを武力で追放すること」ではないとしながら、「カダフィが実権を握っているリビアの将来を想像することも不可能である」、「自国民を虐殺しようとした人間が将来の政府に加わることなど、考えられない」、「カダフィは永久に去らねばならない」といった言葉が並んだのである（小松 2023b：163-165）。

　また、イギリス下院の外交委員会がリビア介入を検証した報告書からも、体制転換に対する姿勢の曖昧さを読みとれる（小松 2023a：128-132）。当時の政府関係者の証言から浮かび上がるのは、イギリスは体制転換を狙って介入を始めたわけではなく、あくまでそれは結果として起きたに過ぎないとの認識である。「リビアへの英国の介入は受動的なものであり、戦略的目標を追求する行動ではなかった。それが意味するのは、民間人を保護するための限定的な介入が、軍事手段による体制転換を目指す政策へと、いつの間にかすり替わったことである（HCFAC 2016：para. 49（小松 2023a：131における引用・翻訳））」。

　実のところ、このような体制転換に対する曖昧な姿勢はイギリスに限った話

ではなく、介入を担ったNATO加盟国に共通するものだった。介入を始めたものの、最終的に体制転換を目指すのかどうかについて共通認識を固められなかったし、空爆を継続するのに必要な資源を集めることすら当初はままならなかった（小松 2014：253-258）。介入側が体制転換を望んでいたのは確かだが、それが実現したのは事態の成り行きによるところが大きかったのである。

　従って、リビア介入の解釈には注意が必要である。この事例は一見したところ、武力行使を明示的に認める安保理決議があり、それに基づく介入が体制転換をもたらしたことから、人道的介入の成功例のように思える。英国学派の視点で要約するなら、大国が協調して国際法の手続きに則り戦争を正当な目的のために用いた事例だった、あるいは、人道危機という問題に対してGPMが有効に機能した事例だったといえるかもしれない。しかし現実には、むしろGPMの不安定さが露呈した。すなわち、一部の大国が独断で国際法上の手続きを経ることなく、戦争を正当性の不確かな目的（体制転換）のために用いた一方、その目的に対するコミットメントが実は弱かったのである。

　次にシリアの事例に視線を転じると、リビアと違い体制転換は起きていない。むしろ逆に、アサド政権は内戦をしぶとく生き残り、内戦勃発から十余年を経て着々と国際社会への復帰を進めている。米英仏は内戦の初期からアサド政権の退陣、すなわちシリアの体制転換を公に主張していた。例えば2012年2月に、米英仏が中心となってアサド政権の退陣を求める安保理決議案を作成しており、それに関連してアメリカのオバマ大統領（Barack Obama）が「アサド大統領は退陣し、早期に民主化への移行を進めなければならない」との声明を発表している（『朝日新聞』2012年2月5日朝刊：1）。ところが、シリアの体制転換につながる大規模な軍事介入が始まることはなかった。

　シリア内戦に関して民主主義国が行なった軍事介入は2種類あるが、どちらも限定的だった。一つは2014年にアメリカが有志連合軍を率いて始めた、過激派組織イスラム国の掃討作戦であり、イギリスは翌年から参加している。もう一つは、アサド政権が化学兵器を使用したことに端を発する限定空爆であり、2017年にアメリカが単独で行い、2018年には米英仏が合同で行った。以下、イギリスが参加した2018年の限定空爆に焦点を絞りたい。それはシリアの一部

の軍事施設に的を絞った一日限りの軍事作戦であり、極めて消極的な介入だった。アサド政権に対する攻撃だったとはいえ、あくまで化学兵器の使用に対する制裁、あるいは再使用を抑止するための措置であり、体制転換には程遠いものだった。

しかし、リビア介入とは違い武力行使を認める安保理決議がなかった点に着目すれば、西洋のリベラルな大国の強硬姿勢を読みとることもできる。ここでイギリス政府の正当化に注目すると、興味深いことに人道的介入の論理に依拠していた。以下の引用は、空爆の正当性を議会から問われたのに対して、政府が回答した文書の一部である。

> シリア政府は7年にわたり自国民を殺してきた。人々の苦しみを悪化させる政府による化学兵器の使用は、化学兵器の使用を禁じた慣習国際法の違反として、国際的に懸念される深刻な犯罪であり、戦争犯罪および人道に対する罪にもなる。……英国は国際法のもとで、例外的に、甚大な人道上の苦しみを緩和するための手段を取ることが許される。武力行使の法的根拠は人道的介入であり、それには3つの条件を満たす必要がある（UK Government 2018（小松 2023a：133-134における引用・翻訳））。

3つの条件とは、「人道危機が起きていることの証拠がある」、「武力以外の手段が残されていない」、「必要最低限の武力行使にとどめる」である。つまり政府の主張は、これらの条件が揃えば、たとえ安保理決議がなくともイギリスの判断で軍事介入をすることが、人道的介入として国際法上認められるというものである。

このように政府が公式に人道的介入の論理を持ち出す国は、国際社会のなかで極めて珍しい。その特殊性は、本章の冒頭で触れた保護する責任（R2P）の観点からみると一層際立つ。R2Pは、人道危機から一般市民を保護することに国家と国際社会が責任を負うとする考えであり、2001年に提唱されてから今日まで、受容と発展のプロセスが続いている（西海 2021；西海他 2023；政所 2020）。R2Pの枠内で軍事介入は最終手段として認められているが、安保理決議

が絶対条件とされている。言い換えるなら、今日の国際社会において人道的介入は安保理決議があれば、R2Pの実践として正当性が認められるのである。イギリスは一貫してR2Pを支持してきた一方、安保理決議なき武力行使が人道的介入として認められるとの立場は、R2Pから部分的に逸脱している。そうした人道的介入に対する強いこだわりが、R2Pに関する国際社会の合意を危うくするとの批判もある（小松 2023a：142）。イギリスの姿勢は、人道的介入とR2Pの緊張関係をはらんでいるのである。

　以上の議論をまとめると、リビアとシリアの介入事例におけるイギリスの行動と論理からみえてくるのは、西洋のリベラルな大国の強さと弱さである。リビア介入の帰結としての体制転換、およびシリア介入における安保理決議なき武力行使と人道的介入の論理による正当化は、人権・民主主義を力で押し通す西洋のリベラルな大国の強さを物語る。しかしそれぞれの介入の実態を詳しくみれば、大国の弱さも浮かび上がる。人道的介入と体制転換をめぐって、大国の強さと弱さは表裏一体の関係にある。

4. 体制転換の限界

　そこで最後に、体制転換という行為・事象そのものに注目したい。リビア介入は、リベラルな大国の弱さを露呈する側面があったとはいえ、結果として体制転換をもたらした事実は無視できない。というのは、そのような劇的な出来事は国際社会に何らかのインパクトを与えると思われるからである。特に、先述の民主主義と権威主義の攻防という時代背景を意識するなら、体制転換の問題は掘り下げる価値がある。

　先に引用したフランツの研究は、1946〜2014年の間に起きた239の権威主義体制の崩壊例について、その経路を「クーデタ／選挙／民衆蜂起／反乱／支配集団の構成ルールの変更／大国による押しつけ／国家の解体」の7つに整理している（フランツ 2021：149-178）。冷戦期に比べて、冷戦後はクーデタの割合が減った一方、選挙と民衆蜂起の割合が増えたという。「全体像として、冷戦期では権威主義体制が存続するうえでの最大の脅威は軍事クーデタであった

が、現在ではその支配をより脆弱にするのは大衆からの挑戦だということである（同上：153）」。

　また、同じ期間に、権威主義体制が崩壊した後に別の新たな権威主義体制が生まれた例は全体の約半分、民主主義体制に移行したのも約半分であるとのデータを踏まえて、権威主義体制が崩壊した後に必ず民主主義体制が続くわけではないと指摘する。そして、「権威主義体制が自ら進んで権力から離れるときとは対照的に、権威主義体制が力ずくで追い出されるとき、民主化の機会はかなり低くなる」として、上記の期間に起きた強制的な転覆（クーデタ、民衆蜂起、反乱、大国による押しつけ）のうち、権威主義体制の崩壊が民主化につながった例は5分の1にとどまり、あからさまな暴力によらない崩壊例（選挙、支配集団の構成ルールの変更）は4分の3が民主化につながったとする（同上：169）。これに関連して、崩壊後の体制移行の段階で暴力が伴うかどうかも重要であり、非暴力的な移行の後に民主化が続く割合は54％だが、暴力的な移行になると40％に下がる（同上）。こうしたデータから、フランツは次のように述べる。「これらの基本統計は、暴力的で強引な権威主義体制からの移行は、そうでない移行に比べて、民主化につながる可能性がかなり低いことを示唆している（同上）」。

　このような知見は、前節までの議論との関連で3つの重要な含意がある。第一に、武力による体制転換は世界中の権威主義体制の崩壊例のごく一部に過ぎない。崩壊例の多くはむしろ下からの圧力、すなわち「大衆からの挑戦」が引き起こしたものである。リビア介入のような体制転換の事例は、人道的介入やR2Pの観点からみれば重要な出来事だが、世界全体の政治体制の趨勢に与える影響は決して大きくない。

　第二に、軍事介入が直接引き起こすのは既存の権威主義体制の崩壊であって、その後に民主化が続くとは限らない[11]。「外からの圧力は、悪名高き権威主義体制の崩壊を急かすかもしれないが、だからといって決して、民主主義的な後継

---

11. 軍事介入が民主化を促す効果は限られていることを論じたものとして、以下も参照。Downes and Monten（2013）。

第4章　イギリスの人道的介入からみえる国際社会の現在地　109

体制が保証されているということにはならないのである（フランツ 2021、162-163）」。言葉を換えれば、軍事介入は権威主義体制を壊すことはできても、真の意味での「体制転換」、すなわち民主主義体制への移行と定着を実現できる保証はない。それどころか、力ずくで体制を崩壊させると民主化の可能性が下がるのなら、なおさら軍事介入に過大な期待は禁物だろう。ここに人道的介入のジレンマが浮かび上がる。人道危機という極限状態を止めるための最終手段である武力が、後の民主化の可能性を下げてしまうのなら、人権と民主主義は目的として両立しないことになる。つまり、人道的介入は短期的な成果（人道危機の阻止）と引き換えに、長期的な成果（民主化）を犠牲にするのかもしれない。

　第三に、体制崩壊後の移行段階における暴力の問題からも、やはり人道的介入は民主化の推進要因として限界を抱えている。介入の対象となる国家では、介入の前からすでに深刻なレベルの暴力（の応酬）が起きている。それが意味するのは、たとえ介入により体制が崩壊していったん暴力が止んでも、その後の政治情勢は不安定さを免れないため、暴力の再発のリスクが高いことである。具体的には、体制側の残党の軍事活動や、体制に弾圧されていた人々・集団による復讐の暴力行為、武器の拡散などが懸念される。従って、内戦が深刻化して人道危機が発生するような国家、人道的介入の対象になるような国家は、そもそも民主化のハードルが高いのではないか。

　このような権威主義体制の崩壊に関する議論から分かるのは、武力による体制転換は権威主義化の波を押し返す力が弱いこと、民主化の大きな推進力になり得ないことである。人道的介入についていえば、それは人道状況の改善に寄与できるとしても、民主主義の拡大に寄与する効果は弱い。西洋のリベラルな大国がリビアに対する人道的介入で実行してみせたような、武力による体制転換は劇的な出来事だが、民主主義の観点からみてプラスの方向に作用する可能性は低い。権威主義体制を壊すことと、それを民主主義体制に作り変えることは別物なのである。しかも、フランツの研究が1946～2014年の事例をカバーしていることを考えると、そうした体制転換と人道的介入の限界は、冷戦後の大国のパワーの低下に起因するだけでなく、そもそも普遍的な問題なのだろう。つまり、武力による体制転換の限界には、普遍的な側面と今日的な側面の両方

がある。

　そして、この点は「体制転換」という言葉の意味にも関わる。現実の国際政治や国際政治学の研究において、多くの場合「体制転換」は権威主義体制の崩壊ないし独裁政権の転覆を意味するものとして用いられてきたし、本稿もその用語法に沿って議論を進めてきた。だが果たして、政治体制が崩壊することと転換することはイコールなのか。我々はこの言葉の意味を吟味する必要がある。紙幅に限りがあるため、ここでは問題提起にとどめ、差し当たり以下の点を強調しておきたい。民主主義国が権威主義国の政権を転覆させたとしても、真の意味での「体制転換」に関していえば、良くてもせいぜい道半ばだろう。体制転換には、既存の体制が壊れることと、新しい体制が生まれることの2段階がある。武力によって成し遂げられるのはどこまでなのか。そこを見定めることが、これから軍事介入を実践する者、分析する者にとって重要な課題となる。

おわりに

　一見したところ、リビアとシリアの介入事例は対照的な印象を受けるが、イギリスに焦点を合わせて詳しくみると、西洋のリベラルな大国の強さと弱さに関して共通点が明らかになった。どちらの事例でもイギリスは、体制転換を目指す方針を隠そうとはせず、国際ルールから逸脱する形で人道的介入を行った面では強硬姿勢を露わにしたが、実際には十分な意志と能力を持ち合わせていなかったのである。そして一般論として、武力による体制転換は見た目のインパクトとは裏腹に、民主主義のグローバルな推進に寄与する効果をあまり期待できない。民主主義と権威主義の攻防に関して、リビアで起きたような武力による体制転換は、民主主義陣営にとって一つの局地戦の勝利に過ぎないとみるべきだろう。

　以上の点を英国学派の視点から読み解くと、すなわち人道的介入をめぐる3つの制度（戦争、大国、国際法）の関係を整理すると、国際社会の現在地を理論的に把握できる。冷戦の終結を契機に、国際社会では制度としての戦争が活性化し、大国の責任が拡大・多様化し、国際法も活性化した結果、国際協調に

もとづく大国の軍事介入により諸問題を解決できる環境が整ったように思われた。しかし現実には、いまの国際社会の中心にいる西洋のリベラルな大国が、人道的介入に関して国際法の次元で強硬姿勢を崩さない一方、戦争の次元では消極姿勢が目立ちはじめた。そうした強さと弱さの混在や矛盾を際立たせるのが、武力による体制転換である。言い換えれば、体制転換は本質的に複雑かつ困難な行為・事象であるがゆえに、国際社会の制度の問題が露呈しやすい。今日、戦争と大国と国際法の3つの制度は冷戦終結後の束の間の有機的な結びつきを失い、全体としてちぐはぐな状態に陥っており、ひいては不安定化や機能低下の様相を呈している。制度が連動して国際社会の共通利益に資する構図は、もはや過去のものとなった。どうやらポスト冷戦期という一つの時代が終わり、国際社会は次の時代に入ったようである。

　注記：本章の内容の一部は、筆者の日本比較政治学会2021年度研究大会の報告ペーパー「危機の三十年：なぜ民主主義諸国は権威主義化の波を止められなかったのか」をもとにしている。

参考文献

Bellamy, Alex J. and Stephen McLoughlin (2018) *Rethinking Humanitarian Intervention*, London：Palgrave.

Clark, Ian (2005) *Legitimacy in International Society*, New York：Oxford University Press.

Cui, Shunji and Barry Buzan (2016) "Great Power Management in International Society," *Chinese Journal of International Politics*, 9 (2), pp. 181-210.

Diamond, Larry (2019) "Democracy Demotion：How the Freedom Agenda Fell Apart," *Foreign Affairs*, 98 (4), pp. 17-25.

Downes, Alexander and Jonathan Monten (2013) "Forced to Be Free？ Why Foreign-Imposed Regime Change Rarely Leads to Democratization," *International Security*, 37 (4), pp. 90-131.

Holsti, K. J. (2004) *Taming the Sovereigns：Institutional Change in International Politics*, Cambridge：Cambridge University Press.

The House of Commons Foreign Affairs Committee (HCFAC) (2016) *Libya：Examination of Intervention and Collapse and the UK's Future Policy Options*, Third Report of Session 2016-17.

Hurrell, Andrew (2008) *On Global Order：Power, Values, and the Constitution of International Society*, New York：Oxford University Press.

Jackson, Robert (2000) *The Global Covenant：Human Conduct in a World of States*, New York：Oxford University Press.

Lührmann, Anna and Staffan I. Lindberg (2019) "A Third Wave of Autocratization Is Here： What Is New about It？" *Democratization*, 26 (7), pp. 1095-1113.

Mead, Walter Russell (2021) "The End of the Wilsonian Era：Why Liberal Internationalism Failed," *Foreign Affairs*, 100 (1), pp. 123-137.

Morris, Justin (2011) "How Great Is Britain？ Power, Responsibility and Britain's Future Global Role," *British Journal of Politics and International Relations*, 13 (3), pp. 326-347.

Mounk, Yascha (2021) "Democracy on the Defense：Turning Back the Authoritarian Tide,

" *Foreign Affairs*, 100（2）, pp. 163-173.

V-dem Institute（2024）*Democracy Report 2024：Democracy Winning and Losing at the Ballot*.

UK Government（2018）"Syria Action：UK Government Legal Position," Policy Paper, 14 April, 2018.

アイケンベリー、G・ジョン（2006）「米国のリベラル・グランド・ストラテジー：戦後の民主主義と国家安全保障」猪口孝・マイケル・コックス・G・ジョン・アイケンベリー編『アメリカによる民主主義の推進』ミネルヴァ書房、136-164頁。

大中真（2013）「マーティン・ワイトとグロティウス主義」佐藤誠・大中真・池田丈佑編『英国学派の国際関係論』日本経済評論社、26-39頁。

小松志朗（2014）『人道的介入：秩序と正義、武力と外交』早稲田大学出版部。

―――,（2023a）「英国：支持と逸脱の二つの顔を持つ大国」西海洋志・中内政貴・中村長史・小松志朗編『地域から読み解く「保護する責任」：普遍的な理念の多様な実践に向けて』聖学院大学出版会、111-143頁。

―――,（2023b）「フランス：介入主義の急先鋒から国際主義の堅実派へ」西海洋志・中内政貴・中村長史・小松志朗編『地域から読み解く「保護する責任」：普遍的な理念の多様な実践に向けて』聖学院大学出版会、145-174頁。

佐藤史郎（2013）「ヘゲモニーとしての『アナーキカル・ソサイエティ』」佐藤誠・大中真・池田丈佑編『英国学派の国際関係論』日本経済評論社、97-111頁。

佐橋亮（2021）『米中対立：アメリカの戦略転換と分断される世界』中公新書。

スガナミ、ヒデミ（2013）「英国学派・歴史・理論」佐藤誠・大中真・池田丈佑編『英国学派の国際関係論』日本経済評論社、3-25頁。

杉浦功一（2020）「民主主義体制の脆弱化と権威主義体制の強靱化における国際的要因の考察」『日本比較政治学会年報』第22号、179-209頁。

立山良司（2013）「体制移行期における内戦と『保護する責任』：リビアとシリアの比較」日本国際問題研究所編『「アラブの春」の将来』、147-159頁。

ナウ、ヘンリー・R（2006）「米国のアイデンティティ、民主主義の推進、国益：リアリズムを超えて、理想主義を超えて」猪口孝・マイケル・コックス・G・ジョン・アイケンベリー編『アメリカによる民主主義の推進』ミネルヴァ書房、165-192頁。

西海洋志（2021）『保護する責任と国際政治思想』国際書院。

西海洋志・中内政貴・中村長史・小松志朗編（2023）『地域から読み解く「保護する責任」：普遍的な理念の多様な実践に向けて』聖学院大学出版会。

ブザン、バリー（2017）『英国学派入門：国際社会論へのアプローチ』大中真他訳、日本経済評論社。

フランツ、エリカ（2021）『権威主義：独裁政治の歴史と変貌』上谷直克・今井宏平・中井遼訳、白水社。

ブル、ヘドリー（2000）『国際社会論：アナーキカル・ソサイエティ』臼杵英一訳、岩波書店。

政所大輔（2020）『保護する責任：変容する主権と人道の国際規範』勁草書房。

レビツキー、スティーブン、ダニエル・ジブラット（2018）『民主主義の死に方：二極化する政治が招く独裁への道』濱野大道訳、新潮社。

ワイト、マーティン（2007）『国際理論：三つの伝統』佐藤誠他訳、日本経済評論社。

第5章

ヨーロッパ国際社会へのオスマン帝国／トルコ共和国の参入[1]
——英国学派の視点から

今井 宏平

はじめに

　ヘドリー・ブルが1977年に『アナーキカル・ソサイアティ』を執筆した時、オスマン帝国はヨーロッパの外のアクター、つまり、ヨーロッパ国際社会の拡大の対象として描かれた。これはその後のブルとアダム・ワトソンの編著『国際社会の拡大』においても同様の視点で描かれている。しかし、ここで大きな疑問が沸く。果たしてオスマン帝国はヨーロッパの外に位置するアクターだったのだろうか。次いで、オスマン帝国の後継国家であるトルコ共和国はいつヨーロッパ国際社会に参入したのか、もしくはまだしていないのか。これらの疑問について検討することが本小論の目的である。本小論ではオスマン帝国とトルコ共和国のヨーロッパ国際社会への参入を検討するにあたり、国際社会を概念化した英国学派の考えを活用する。特に近年、英国学派の考えをより幅広い分析に活用しようとしたバリー・ブザンの国際社会の制度およびゲリッド・ゴングが提示した文明国標準の概念に依拠する。

1. 英国学派に関するバリー・ブザンの制度論

　英国学派における制度はブルの5つの制度—戦争、勢力均衡、大国管理、外交、国際法—を基本としてきた。これに対し、ブザンは2つの側面でブルの制度に修正を加えた。1つ目の側面は、制度を第一次制度と第二次制度に分割した点である。第一次制度は上記したブルの5つの制度に当たり、国際社会における構成員に共有されるとともに構成員の正統なふるまいであると定義されている（ブザン 2017：21）。それに対して第二次制度は具体的な国際組織やレジームで、国連や世界貿易機関（WTO）、核不拡散体制などが該当する（ブザン 2017：22）。
　2つ目の側面は、ブルが提示した制度（第一次制度）にいくつか新たな項目

---

1. 本稿は今井宏平「ヨーロッパ国際社会へのオスマン帝国／トルコ の参入」『公開シンポジウム「国際学の先端」—（準）周辺からみた国際社会—報告書』桜美林大学国際学研究所、2018年3月31日、35-40頁を大幅に加筆・修正したものである。

を付け加えたことである。それらは、自明とされながらもあえてブルが制度に入れなかった領域性、主権あるいは（内政）不干渉、そして帝国主義あるいは植民地主義、王朝原理、人間の不平等、ナショナリズムであった。ブルをはじめとしてこれまでの英国学派の系譜に連なる研究者たちが西洋中心主義史観に立脚しがちであった点を批判する形で、ブザンはヨーロッパ国際社会の負の制度にもあえて言及している。この視点は、オスマン帝国やロシア帝国といった文化的にヨーロッパと相容れないと考えられてきたアクターのヨーロッパ国際社会への参入を考える際に参考となる。

　ヨーロッパ国際社会の基本的な拡大のプロセスについても確認しておきたい。ブザンによると、ヨーロッパ国際社会の拡大は、①ヨーロッパに典型的なアナーキーに立脚した国際社会の出現と固定化、②ヨーロッパ列強の経済力と軍事力を背景としたヨーロッパ外への国際社会の移転とその結果としての非西洋社会の植民地化および参入、③第二次世界大戦後の脱植民地化とそれに伴う非西洋社会の国際社会への参入、という3つの段階に分けられる（ブザン 2017：82）。

2. オスマン帝国とヨーロッパ国際社会

　オスマン帝国をヨーロッパ国際社会の文脈で考えてみたい。戦争、外交および勢力均衡という点からすると、オスマン帝国は17世紀からすでにヨーロッパの一員であったと言っても過言ではない。しかし、英国学派の理論家たちは、オスマン帝国はヨーロッパ国際社会の一員ではなかったと指摘してきた[2]。ここで重要となるのが国際社会と国際システムの違いである。ブルによると、国際システムは「二カ国以上の国家が、相互に十分な接触をもち、お互いの決定に十分な影響を与え合う結果、それらの国家が—少なくともある程度は—全体の中の部分として振舞うようになる時、主権国家システム（あるいは国際システム）が成立する」と定義される（ブル 2000：10）。ブルは国際システムではア

---

2. この点で最も代表的な作品は歴史家、トーマス・ナフが『国際社会の拡大』の中に載せている論文である。

クター間の社会性が欠けているのに対し、国際社会ではアクター間に社会性が存在すると考えた。国際社会における社会性確立の条件は、制度を共有していることであった。ヨーロッパ列強とオスマン帝国は相互に関係があったのは間違いないが、オスマン帝国はヨーロッパ国際社会の制度を共有しておらず、両者の関係は相互に社会性を形成するものではなかったと英国学派の理論家たちは考えていた。

　それではブルはオスマン帝国をどのように扱っていたのか。ブルはオスマン帝国を植民地化の対象としてではなく、ロシア、中国、日本と並ぶヨーロッパ国際社会の参入の対象として見ていた。ブルの説明では、クリミア戦争を終結させた1858年のパリ条約以降、オスマン帝国はヨーロッパ国際社会の一員になったとされる（ブル 2000：43）。たしかに、ブルの5つの制度の視点を全て満たしたのは、パリ条約によってオスマン帝国がヨーロッパの国際法を受け入れた時と言えるだろう。一方で、オスマン帝国は国際法以外の4つの制度はそれ以前までにかなりの程度満たしてきた。外交や戦争は16世紀から、勢力均衡は17世紀から、大国による管理は18世紀からそのような状況にあった。オスマン帝国はロシアと並び、早い段階からヨーロッパの国際システムの欠かせないアクターであった。国際法の受容は、オスマン帝国がヨーロッパの「文明国標準（Standard of Civilization）」に到達したと理解される行為であった。

　次いで、ブルの制度をバージョンアップさせたブザンの制度論の視点からオスマン帝国を考察してみよう。ブザンが指摘した制度で、ブルと異なるものは領域性、主権性、帝国主義／植民地主義、人間の不平等、王朝原理、ナショナリズムである。この中で、特に注目すべきは主権性とナショナリズムの2点であろう。オスマン帝国は主権性を有しているが、それはヨーロッパ国際社会の多数を占める主権国家ではなく、帝国という政体であった。国際関係論において帝国という政体は、①主権国家体系確立の以前もしくは前後に成立し、多民族を支配した国際政治のアクターである世界帝国、②ある主権国家が国際政治上で力を強め、直接的・間接的に他国もしくは他地域を支配する統治形態、③A.ネグリとM.ハートによって定義され、〈帝国〉と表示されるネットワーク型の統治主体の配置図、と大まかに定義できるが、オスマン帝国は①の世界帝国に

該当する。もし主権国家による主権統治をヨーロッパ国際社会の一員になる条件と見なすなら、オスマン帝国は帝国という政体である限り、その一員にはなれなかったと考えることができる。

　また、オスマン帝国は国際社会の参入の候補であると同時に、ヨーロッパ列強の帝国主義の対象でもあった。ヨーロッパの帝国主義に対抗するためにオスマン帝国は2つの政策を展開する。1つ目はナショナリズムの創造であり、2つ目は帝国主義に対抗するイデオロギーの確立であった。前者はオスマン主義およびトルコ主義、後者はイスラーム主義に当てはめることができる。

　オスマン帝国第31代スルタンで、1839年から61年までその地位にあったアブデュルメジトは、その在位中にオスマン帝国の改革を志向した。1839年11月にはギュルハーネ勅令、1856年には改革勅令を公布し、政府機構、司法、行政、税制、教育などに及ぶ一連の改革を実施した[3]。そして、アブデュルアズィズ、精神的な病のために短期間でスルタンの座を下りたムラト5世を経て、1876年にアブドゥルハミト2世にスルタンの座が引き継がれ、同年12月に「ミドハト憲法」が制定された。ギュルハーネ勅令からミドハト憲法制定までの時期、オスマン帝国が目指したものは、宗教的差異を超えた平等な国民意識を創り出すことであった。これはオスマン主義と呼ばれた。オスマン主義とは、端的に言えば、「オスマン帝国人」というオスマン帝国のナショナリズムを創造しようとする諸政策であった。しかし、オスマン主義は理想のオスマン国民像が不明瞭であり、団結の核となる概念を欠いていた（佐原 2003：138）。アブドゥルハミト2世の専制時代にオスマン主義は一時的に衰退したが、1908年の「青年トルコ人革命」によって、アブドゥルハミト2世の専制時代に終止符が打たれると、革命の中心となった「統一と進歩委員会」はオスマン帝国の中心はトルコ人であると主張し、トルコ主義をオスマン帝国のアイデンティティの中心に据えた。

　一方、専制時代にアブドゥルハミト2世が力を入れたのがイスラーム主義であった。アブデュルハミト2世のイスラーム主義は、伝統的なイスラームの思想と近代化を融合し、帝国内のムスリムと西洋列強に対して正統性を示すとい

3.　この改革の時期をタンズィマートと呼ぶ。

うものであった。イスラーム主義は宗教的アイデンティティを確立することによって帝国主義に対抗する手段であった。

3. トルコ共和国とヨーロッパ国際社会

　トルコ共和国のヨーロッパ国際社会への参入について考える場合、ムスタファ・ケマル（アタテュルク）について触れないわけにはいかない。なぜなら、彼こそがトルコ共和国のヨーロッパ国際社会への参入の道筋を付けた人物だからである。ケマルは、オスマン帝国が西洋諸国の勢力争いの場とされ、最終的に崩壊したことを重く受け止めていた。オスマン帝国の後継国家であるトルコ共和国が、同じ轍を踏まないようにするためにはどうしたらよいのか。ケマルが出した答えは、西洋をモデルとした「近代化／文明化」によって西洋諸国と同様の国民国家をトルコでも実現するというものであった。ケマルはイスラームを後進性の象徴とし、徹底した政教分離を前提とした「近代化／文明化」を志向した。こうして、西洋化とほぼ同義語である「近代化／文明化」は、トルコ共和国の政治理念となるのである。

　もちろん、西洋を「近代化／文明化」の見本としたのはムスタファ・ケマルが最初ではない。すでにオスマン帝国のかなり早い段階から西洋化は着実に進んでいった。オスマン帝国史の大家であるハリル・イナルジクはオスマン帝国の西洋化の過程を3つの時期に区分している（İnalcık 1998）。最初は17世紀からの借用の段階で、西洋の軍事技術をオスマン帝国の軍隊に借用するというものであった。例えば、戦艦の組立方法、船舶操縦術、砲術、戦術などでこうした傾向が見られた。次は模倣の段階で、西洋化が軍人や知識人の思考に影響を及ぼすようになる。西洋風の軍事学校が設立され、西洋列強からお雇い教師を雇い、西洋化教育が展開されるようになる。そして、最終段階は模倣が行政のレベルで実施されるようになるというものであった。19世紀には、オスマン帝国でも省庁などが西洋風に整えられた。しかし、これらの西洋化はあくまでオスマン帝国の存続を前提とした、むしろオスマン帝国を支えるための西洋化政策であった。

近代化／西洋化を目指すうえで最も重要な原則であると同時に最もドラスティックな改革であったのは「世俗主義」であろう。まさに、イスラームに根差していたオスマン帝国からの脱却が図られたのである。オスマン帝国下では、皇帝がイスラームの長を兼ねるというスルタン・カリフ制が採用されていたが、後継国家のトルコ建国前後でスルタン制もカリフ制も廃止された。また、宗務庁が設立され、宗教は国が管理することとなった。イスラームを象徴する男性のトルコ帽は禁止され、公共の場での女性のスカーフの着用も禁止された。また、1928年の文字改革によってアラビア語表記のオスマン・トルコ語をラテン語表記の現代トルコ語に変更させた。近代化／西洋化をはじめとしたムスタファ・ケマルの改革（トルコでは革命と言われる）思想は、彼の死後も「アタテュルク主義」として国家のあらゆる領域で引き継がれた。

　西洋化は国内で揺り戻しが起こったが[4]、外交においては北大西洋条約機構（NATO）加盟と欧州連合（EU）加盟交渉国となったことで、一定程度達成された。トルコは1947年3月時点からすでにトルコ、ギリシャ、エジプトによる東地中海の平和と安全保障のための条約締結を英国に打診しており（Athanassopoulou 1999：67）、ソ連の脅威に対抗するために安全保障機構を必要としていた。さらにトルコは同年8月にこの地中海条約案に英国と米国もが加わるべきであると主張し、ギリシャ側と協議を開始した。しかし、これは米国側から色よい返事が得られなかった。翌1948年にはギリシャが地中海条約の案をさらに発展させ、ギリシャ、トルコ、イタリア、全てのアラブ諸国を含む協商とすることを提唱した（Athanassopoulou 1999：96）。しかし、1948年に勃発した第一次中東戦争のため、地中海条約へのアラブ諸国の取り込みは失敗に終わった。トルコ政府は、ソ連に対抗する条約もしくは協商のためには英国と米国という西側の大国の参加が不可欠と考えていた。

---

4. 1950年の総選挙で初めて単独与党となったアドナン・メンデレス率いる民主党、1983年から89年まで祖国党の党首として首相を務め、その後93年まで大統領を務めたトゥルグト・オザル、そして2002年11月の総選挙で単独与党となって以降、2023年12月現在まで与党の座に就いているレジェップ・タイイップ・エルドアン率いる公正発展党の時代が揺り戻しの時代とされる。

1948年3月には、西ヨーロッパにおける経済的、社会的及び文化的協力並びに集団的自衛のための条約、通称「ブリュッセル条約」が英国、フランス、ベルギー、ルクセンブルク、オランダの5カ国間で締結された。ブリュッセル条約の主要な目的はソ連の封じ込めではなく、ドイツの再軍備を防ぐことであった。トルコ政府は米国に対し、ブリュッセル条約の締結は米国が西ヨーロッパの安全保障を最優先していることを明確にすると訴えた。次第にトルコは地中海条約の締結よりも、ブリュッセル条約をトルコ、ギリシャ、イランに拡大させることを提案するようになった。一方、米国は1948年7月にブリュッセル条約の加盟国にカナダを加えたメンバーで会談を行い、西ヨーロッパの防衛に限定したブリュッセル条約とは異なる、仮想敵国をソ連とした大西洋の防衛安全を保障する機構を構築することを決定した。この決定によって1949年4月に発足したのがNATOであった。トルコはNATOの原加盟国になることを希望したものの、その要求は実現しなかった（FRUS 1948）。

　しかし、1950年6月25日に勃発した朝鮮戦争がトルコの命運を変えることとなる。朝鮮戦争に際し、当時のジェラル・バヤル大統領は4500人からなる旅団を朝鮮半島に派兵することを発表した。トルコは741名の死者、2068名の負傷者、163名の行方不明者を出したが[5]、朝鮮戦争における貢献はトルコのNATO加盟を確実に前進させた。トルコに対ソ連封じ込めの役割を期待していた米国の後押しもあり、51年9月21日の北大西洋理事会でトルコのNATOへの加盟が承認され、翌1952年2月18日に正式に加盟した（ギリシャもこのとき、同時に加盟している）。

　一方、EU加盟の道のりは長く険しいものとなっている。トルコのEU（当時は欧州共同体（EC））加盟は1963年9月のアンカラ協定締結以降、停滞した。1981年にはトルコのライバル国家の1つとも言えるギリシャがECに加盟した。それに対し、1980年9月にクーデタが発生し、その後軍政が敷かれたトルコは、多数の政治家やジャーナリストが拘束されている状況、82年憲法の正当性、人権侵

---

5. "Turkey", United Nations Command (https://www. unc. mil/Organization/Contributors/Turkey/)、2023年12月13日閲覧。トルコ軍の死者は米国、英国に次いで3番目であった。

害などを受け、欧州委員会はトルコに批判的な態度をとった（Dagi 2001：55）。当時の首相であったトゥルグット・オザルはクーデタによって凍結された欧州からの援助の再開、ECとトルコの間の協定の回復、主要輸出品である織物の輸出増加という3点を目標として掲げ、関係の正常化に奔走した。しかし、欧州議会が85年10月9日に提出したレポートで、「トルコの人権に対する活動はEUの基準から大きくかけ離れている」と指摘するなど[6]、トルコとECの間の溝はなかなか埋まらなかった。

　オザルは、ECに加盟するメリットとして、トルコ共和国が建国以来の悲願である欧州の一国となることができる点、民主主義の普及を促す点、またこの点で中東諸国のモデルとなる点、自由主義経済の更なる発展が見込める点を国民に対して訴えた[7]。トルコ政府は87年にEC加盟の申請を行い、これに対してEC加盟委員会は30ヵ月後に結論を出すという声明を発表した。加盟委員会は経済改革と人権問題の解決を加盟の必要条件としてあげたが、この加盟委員会の要請が、国内におけるオザルの自由主義経済の追求、軍部に対する優位性の後押しになったと言われている。しかし、結果として89年12月18日に欧州委員会はトルコのEC加盟申請を棄却した。その理由として、欧州委員会はトルコとEC加盟国の経済状況に大きな隔たりがあること、人権問題に改善が見られなかったこと、EC加盟国であるギリシャとの間にキプロス問題が生じていることを挙げた[8]。EC加盟申請は棄却されたものの、20年以上進展が見られなかったEC加盟交渉を活性化したオザルの功績は大きかった。

---

6. "Report by the European Parliament on the human rights situation in Turkey（9 October 1985）"（https://www. cvce. eu/en/obj/report_by_the_european_parliament_on_the_human _rights_situation_in_turkey_9_october_1985-en-52c199b9-aa2f-4327-8b25-148ae27ab5e2. html），2023年12月13日閲覧。
7. オザルのEC加盟に関してはErdoğan 2019を参照。
8. "Commission Opinion on Turkey's request for accession to the Community（20 December 1989）"（https://www. cvce. eu/content/publication/2005/2/4/4cc1acf8-06b2-40c5-bb1e-bb3d4860e7c1/publishable_en. pdf），2023年12月13日閲覧。EC加盟申請が棄却されたため、トルコは93年までEC加盟交渉を行なうことができなかった。"The European Community's Relations with Turkey（27 September 1991）", European Commission Website（https://ec. europa. eu/commission/presscorner/detail/en/ MEMO_ 91_46），2023年12月13日閲覧。

89年の加盟申請棄却後、トルコとECおよびEU関係は一時的に停滞したが、トルコは1995年に欧州関税同盟に加盟することに成功する。これにより、一気に加盟交渉が進むかに思われたが、クルド問題の顕在化、そしてエーゲ海をめぐるトルコとギリシャの領土争いが起こり、90年代後半にEU加盟プロセスは再び停滞した。特にトルコの態度を硬化させたのが、97年12月に開かれた欧州委員会のルクセンブルク会議であった。ルクセンブルク会議では、1987年にECに加盟申請していたトルコを差し置いて、90年代に加盟申請したキプロスと東欧諸国と加盟交渉を始めることが決定された。この決定はトルコの政策決定者たちを激怒させ、トルコ政府はEUとの政治的対話を凍結することを決めた。EU側は、「EU加盟交渉からトルコを除外するものではない」という姿勢を見せたが[9]、トルコにとっては到底受け入れられない対応であった。

　トルコのEU加盟交渉が再び動き出したきっかけは、長年対立してきたギリシャとの関係が1999年から改善し始めたことである（Kuşku 2008：1-10）。まず、非合法武装組織のクルディスタン労働者党（PKK）の指導者オジャランが1999年2月にケニアで逮捕されたが、その際、ケニアのギリシャ大使館がオジャランを匿っていたことが明らかになり、ギリシャは国際的な批判を浴びた。また、この外交的失策により当時のテオドロス・パンガロス外相が更迭され、新たにゲオルギアス・パパンドレウが外相に就任した。このパパンドレウが、当時のトルコの外務大臣イスマイル・ジェムとの間に、これまでにない両国間の協力関係を築き上げた。さらに同年8月17日にイスタンブール周辺で、9月7日にアテネで大地震が起き、両国が相互に援助活動を行ったことも両国の信頼関係を高めた（Ker-Lindsay 2000：215-32）。こうした経緯により、トルコとギリシャの対立は解消されたと評価され、1999年12月に開かれた欧州委員会のヘルシンキ会議において、トルコを加盟交渉国とすることが決定されたのである。そして、公正発展党政権下でトルコは2004年12月にEU加盟交渉国となった。

　トルコはEU加盟交渉国となったものの、その後の加盟交渉は順調に進んで

---

9. "Luxembourg European Council 12 and 13 December 1997 Presidency Conclusions"（https://www. europarl. europa. eu/summits/lux1_en. htm#enlarge）、2023年12月13日閲覧。

いない。トルコと一緒に加盟交渉国となったクロアチアが2013年に正式加盟した一方で、トルコはキプロス共和国やフランスなどから加盟交渉を凍結されるなどした。EU加盟交渉過程は現代版の「文明国標準」と言えなくもないが、そこには明らかに文化的な差別も存在していると言わざるを得ない。また、全方位外交を外交の特徴とするトルコにとって、EUに正式に加盟することで外交の選択肢が狭まるというデメリットも存在する。

4. 文明国標準とトルコのEU加盟

(1) 文明国標準とは何か

　オスマン帝国およびトルコのヨーロッパ国際社会への参入について見てみると、そこには暗黙の了解としてトルコはヨーロッパ国際社会の主要メンバーではないという結論に行きつく。オスマン帝国は国教がイスラーム教であり、オスマン帝国の皇帝がイスラーム教徒の長（スルタン・カリフ制）も兼ねていた。上述したように、ブルはオスマン帝国が19世紀にヨーロッパ国際社会の一部になったと述べている。しかし、オスマン帝国／トルコ共和国およびロシアは、ヨーロッパの国々の人々からヨーロッパの一員とは見られてこなかった。常に我々（We）ではなく、他者（Others）であった。オスマン帝国／トルコ共和国がなぜ常にヨーロッパ国際社会の一員と見られなかったかを検討する際に参考となるのが文明国標準の概念である。

　ブザンの制度論の貢献の1つは、英国学派のヨーロッパ中心主義に疑問を呈した点である。文明国標準は明らかにヨーロッパ中心主義の概念であり、そこには確実に差別的な要因も含まれていた。文明と野蛮というレトリックは、古代ギリシャから使用されており、十字軍の遠征、新大陸発見とスペインの植民活動、延いては第二次世界大戦に至るまで使用され続けたのであった。また、啓蒙思想とも結びつき、D・ヒューム, J・J・ルソー, J・S・ミルのような啓蒙思想家たちは、ヨーロッパは文明化されており、他の地域に比べて優位な立場にあると強調した。

ブザンは英国学派の「脱ヨーロッパ中心主義」を『英国学派入門』を執筆する前から提唱していた。リトルとの共著である『世界史における国際システム』では、主権国家以外の文明もアクターとして考慮されているだけでなく、1648年から始まったウェストファリア・システムだけを国際システムと見なす考えを廃し、紀元前3500年のシュメール人の都市国家にまで遡って国際システムを再検討している（Buzan and Little 2000）。ブザンの脱ヨーロッパ中心主義の英国学派の考えに影響を与えたのが、英国学派の祖の一人と言ってよいワトソンであった。ワトソンは代表的著作の『国際社会の進化』において、ヨーロッパにこだわらない形で国際社会の進歩について論じた（Watson 1992）。

　もちろん、文明国標準の差別性に着目したのはブザンが最初ではない。シュワルツェンバーガーは、ヨーロッパを文明国、非ヨーロッパ地域を野蛮と区別する見方は西洋列強の帝国主義と植民地主義の駆動力となったと指摘している（Schwarzenberger 1955/2009：298）。『文明国標準』を著したゴングは、ヨーロッパの帝国主義や植民地主義に凌駕された非ヨーロッパ諸国は、長い間維持してきたそうした国々独自の文化的伝統や文化的実践が、ヨーロッパの視点からは後進的で野蛮と見なされたことを指摘した（Gong 1984/2009：320-21）。植民地化はこうした非ヨーロッパ諸国独自の文化を廃止もしくは衰退させる機能も持った。

　ゴングはヨーロッパ起源の国際社会に参入するための文明国標準を、基本的人権の質、組織化された官僚制度の存在、国際法の厳守と国内の司法制度の維持、外交とコミュニケーションによって国際システム上の責務を果たすこと、文明化された国際社会の規範と実践の受け入れと実施という5点に集約した（Gong 1984/2009：315）。1990年代終わりから2000年代にかけて、文明国標準をより普遍的なものに刷新しようとする著作が登場した。例えば、ドネリーはジェノサイドの防止や民主主義政権の確立による人権の保護が新たな文明国標準における必要最低限の原則であると指摘した（Donnelly 1998：16-19）。フィドラーは、リベラリズム、具体的には人権、市場自由主義、構造調整、法の遵守、グッドガバナンスを文明国標準の原則と考えた（Fidler 2001/2009：361-62）。スティヴァシュティスはより包括的に、リベラルデモクラシー、リベラルデモ

クラシーに基づく政治経済の実践、グローバルな倫理規範の共有、自由な価値観に基づいた国際法の受容の4つにまとめている（Stivachtis 2015）。

(2) 文明国標準と覇権国の密接な関係

　文明国標準は、強者の論理であり、主に大国によって国際社会の一般常識として機能させられてきた。言い換えれば、文明国標準の影響力は国際政治における覇権国と相関関係にある。覇権国や覇権国に近い大国が主張する文明国標準は正当性を持ちやすいし、逆にパワーが衰退し、覇権的な位置づけから遠のいた国が主張する文明国標準は正当性を持ちにくい。要するに、文明国標準の影響力はパワーポリティックスに依存している。

　ポスト冷戦期、もしくはポスト・ポスト冷戦期の2020年代において、文明国標準を提示できる覇権国もしくはそれに匹敵する他の政体を検討すると、米国、EU、中国、ロシアが候補となるだろう。しかし、中国とロシアは一般的に権威主義国に分類され、ロシアに至っては2022年2月23日にウクライナに侵攻し、ウクライナ危機を発生させるなど他国に影響を及ぼす文明国標準を提示する正当性を持たない。一方、米国はジョー・バイデン政権に顕著なように、民主主義を文明国標準として強く主張する。例えば、バイデン政権が主導して、2021年12月9日から10日にかけて「民主主義のためのサミット（The Summit for Democracy）」が開催された。このサミットでは、自由で独立したメディア、腐敗との戦い、民主的改革者たちの支持、民主主義のための先進技術、自由で公正な選挙と政治過程の擁護、という5つが柱とされた[10]。

　そして、EUはマナーズが「規範パワー（normative power）」と評したように、国際的な規範を提示するアクターとして国際政治上で影響力を保持している。マナーズによると、EUは民主化や紛争の予防を推進するアクターとして自己規定するとともに、国際社会からそのように見なされてきた（Manners 2002：235-58）。

---

10. "Summit for Democracy Summary of Proceedings", Whitehouse website（https://www.whitehouse.gov/briefing-room/statements-releases/2021/12/23/summit-for-democracy-summary-of-proceedings/, 2023年11月21日閲覧）。

比較政治学の分野でも、米国やEUの文明国標準を正当化する枠組みが提唱されている。レヴィツキーとウェイは、西洋とのつながり（Western linkage）、政府の組織力（organizational power）、西洋の圧力（Western leverage）に着目し、「西洋とのつながりが強ければ、体制は民主化し、西洋とのつながりが低ければ、体制の在り方は政府の組織力もしくは西洋の圧力に依存することになる」と主張した（Levitsky and Way 2010：24-26）。彼らは、西洋が民主化に決定的な役割を果たした東欧と南米の多くの諸国家が、西洋が深く関与していないアフリカや旧ソ連圏と比較して民主化が進んでいることを明らかにした。

(3) トルコとの関係におけるEUの文明国標準の揺らぎ

　文明国標準は常に正当性を有しているわけではない。例えば、戦間期において、文明国標準はその中心であったヨーロッパの中からファシズムという一種の野蛮が生まれたことで、著しく影響力を低下させた。近年のEUの文明国標準を揺るがす事件となったのが2015年夏から16年春にかけて発生したヨーロッパ難民危機であった。以下ではこの危機についてその概要を示すと共に、なぜ文明国標準が揺らいだのかについて検討する[11]。

　この危機は、EUにとってこれまで欧州対外国境管理協力機関（FRONTEX）[12]で対応できていた人々の流入とは規模が異なる未曾有の出来事で、ギリシャをはじめ、その玄関口となっていた国々、そして難民が居住を希望したドイツなどで大きな混乱が生じた。2015年のトルコ・ギリシャ国境を通ってEUに渡った不法移民の数をみると、第1四半期が1万4152人だったのに対し、第2四半期が6万8178人、第3四半期が31万9146人、第4四半期が48万3910人となっており、第3四半期以降にその数が急増した[13]。この急激かつ大量の難民の流入にFRONTEXは対応できなかった。

---

11. ヨーロッパ難民危機に関しては、以下の論考と重複する部分がある。今井、2022年、第9章；今井、2023年、第7章。
12. FRONTEXはEUの対外国境を監視・管理する機関で2004年に発足した。その後、2016年10月6日により大規模で緊急の難民の流入に対応できるよう、機関名を「欧州国境沿岸警備隊」（英語名はそれまでと同様のFRONTEX）に変更した。

表1　EU・トルコ共同計画とEUサミットの内容の比較

	EU・トルコ共同計画	EUサミット
EUからトルコへの要求	・保護下のシリア人の生活環境の改善（教育・就労の許可など） ・地中海の国境警備を強化 ・EU加盟国に不法滞在したシリア人およびトルコ経由で密航した他国籍者の受け入れ	・トルコとギリシャ間の国境監視の強化 ・2016年3月20日以降にギリシャに不法入国した移民をいったん全て受け入れ（その費用はEUが負担） →トルコが受け入れるのと同じ人数のトルコに留まるシリア人を「第三国定住」のかたちでEUが受け入れ
トルコからEUへの要求	・トルコ人のEU加盟国へのヴィザなし渡航の自由化 ・トルコ国内のシリア難民支援に30億ユーロ（約3900億円）を支出 ・トルコのEU加盟交渉の加速	・トルコ人のEU加盟国へのヴィザなし渡航の自由化 ・トルコ国内のシリア難民支援に2016年3月末に30億ユーロ、2018年末までに新たに30億ユーロ、合計で60億ユーロ（約7800億円）を支出 ・トルコのEU加盟交渉の加速

　EUとして、移民への効果的な外部規制ができない中、EU諸国の首脳たちが協力を要請したのが移民の送り出し国およびトランジット国のトルコであった。この動きを主導したのはドイツのアンゲラ・メルケル首相であった。EUとトルコの対難民政策は大きく分けて2つの段階があった。まず、2015年10月15日にEU・トルコ共同行動計画（EU Joint Action Plan with Turkey）が発表された[14]。そして、2016年3月7日にトルコ・EU首脳会談、そして同年3月17〜18日にEUサミットが開かれ、3月18日にトルコとEUが最終的な共同声明を発表した[15]。EU・トルコ共同計画とEUサミットでの決定を比較したのが**表1**である。

---

13. FRAN Quarterly Q4・October-December 2015（https://frontex. europa. eu/assets/ Publications/ Risk_Analysis/FRAN_Q4_2015. pdf）、2021年8月27日最終閲覧、2023年12月10日現在閲覧不可。
14. European Commission, "EU-Turkey joint action plan", 15 October, 2015（https://ec. europa. eu/commission/presscorner/detail/de/MEMO_15_5860）、2023年12月10日閲覧。

この表からわかるように、EUはシリア難民を受け入れる余裕がないため、シリア難民をトルコに一度受け入れてもらい、その後、トルコ国内の不法でない難民をEUが第三国定住の形で受け入れるというものであった。トルコ側は対価として、トルコ人に対するEU加盟国のヴィザなし渡航の自由化の実現、トルコ国内のシリア難民支援への援助、そしてトルコのEU加盟交渉の加速を要求した。

　このトルコとEUの共同声明に関しては人道に反するとして、批判が起こった。ただし、声明にも「今回の措置は人的被害と公共秩序回復のための一時的・例外的」と明記されており、「ヨーロッパ難民危機」を解決するためにやむを得ない措置と考えられた。しかし、規範パワーを標榜するEUが人道的に批判される政策を展開したこと、その構成国であるハンガリーやイタリアなど一部の国々が頑なに難民の受け入れに反対したことは文明国標準としてのEUの評価を落とす行為であった。それに対し、トルコはEUの難民受け入れの肩代わりをすることとなり、トルコ国内での難民の境遇に批判が出たものの、EUとは逆に人道援助に力を入れる国として評価を上げた。EUはトルコが新たな文明国標準としてのコペンハーゲン基準を満たしていないと主張しているが、ヨーロッパ難民危機の対応を見ると、EU自身ももはや規範パワーとは言い難い存在になってきていると評価することもできる。また、トルコの加盟承認は認めないものの、シェンゲン圏のさらに外側のトルコをシリア難民への防波堤として「利用した」とも言える。

おわりに

　本小論ではオスマン帝国およびトルコ共和国のヨーロッパ国際社会への参入について検討してきた。ブルが提示した制度、そしてそれを発展させたブザンの議論から考えると、オスマン帝国はヨーロッパ国際社会の正式な一員ではな

---

15. EU-Turkey statement, 18 March 2016", European Council Council of the European Union Website（https://www.consilium.europa.eu/en/press/press-releases/2016/03/18/eu-turkey-statement/）、2023年12月10日閲覧。

く、トルコ共和国に至り、ようやくその一員となりつつあると結論付けられるだろう。ただし、現在でもムスリムが人口の98％を占めるトルコは正式にヨーロッパ国際社会の一員とはなっていない。もちろん、現在のトルコとEUの関係を考えると、トルコがコペンハーゲン基準を十分に満たしていないことはまぎれもない事実である。また、エルドアン氏への権力の一極集中がトルコをより権威主義化させているという指摘も多い。その一方で、90年代以降の新規加盟国と比較すると、トルコのEU加盟にはコペンハーゲン基準とは別の「見えない壁」があるようにも見える。これは文化的な差異、そしてトルコはヨーロッパではないという固定観念であり、ジェベジが指摘するように、「理想的で文明的なヨーロッパと不完全で非文明的なトルコ」というアイデンティティ・言説は再生産され続けている（Cebeci 2019：90）。

　一方で、ヨーロッパ国際社会、現在ではEUへの正式な参入はトルコの外交にとって必ずしもプラスではないと先述したように、参入しようとする側の利害も考慮する必要がある。これまで英国学派の拡大の物語はヨーロッパの視点が主であったが、今後はブザンが先陣を切ったように、地域研究および地域や国家の外交政策に焦点を当てる研究者からの視点も重要となるだろう[16]。

16．例えば、Buzan and Pelaez（eds.）, 2009；Buzan and Zhang（eds）, 2014.

参考文献

Athanassopoulou, Ekavi (1999) *Turkey-Anglo-American Security Interests 1945-1952: The First Enlargement of NATO*, London: Frank Cass.

Buzan, Barry and and Richard Little (2000) *International Systems in World History: Remaking the Study of International Relations*, Oxford: Oxford University Press.

———. and Gonzalez- Pelaez (eds.) (2009) *International Society and the Middle East: English School Theory at the Regional Level*, Basingstoke: Palgrave Macmillan.

———. and Yongjin Zhang (eds) (2014) *Contesting International Society in East Asia*, Cambridge: Cambridge University Press.

Cebeci, Münevver (2019) "Deconstructing the EU's "Standards of Civilization": The Case of Turkey", *Uluslararasi İliskiler*, Vol. 16, No. 64, pp. 77-91.

Dagi, Ihsan (2001) "Human rights and democratization: Turkish politics in the european context", *Southeast European and Black Sea Studies*, Vol. 1, No. 3, pp.51-68.

Donnelly, Jack (1998) "Human Rights: A new standard of civilization?", *International Affairs*, Vol.74, No.1, pp. 1-23.

Fidler, David P. (2001/2009) "The Return of the Standard of *Civilization*" in Brett Bowden (ed), *Civilization: Critical Concepts in Political Science, Vol. III: Civilization and its Others*, London: Routledge.

Gong, Gerrit W. (1984/2009) "The Standard of Civilization", Brett Bowden (ed), *Civilization: Critical Concepts in Political Science, Vol. III: Civilization and its Others*, London: Routledge.

İnalcık, Halil (1998) "Turkey between Europe and the Middle East", *Perceptions*, Vol.3, No.1, March-May, pp. 5-18.

Ker-Lindsay, James (2007) "Greek-Turkish rapprochement: The impact of disaster diplomacy'?", *Cambridge Review of International Affairs*, Vol. 14, No. 1, pp. 215-232.

Kuşku, Eda (2008) "The Shadow of Past Rivalry: Limits of Post-1999 Dynamism in Greco-Turkish relations", *Caucasian Review of International Affairs*, Vol. 2, No. 3, pp. 1-10.

Levitsky, Steven and Lucan Way (2010) *Competitive Authoritarianism: Hybrid Regimes After the Cold War*, Cambridge University Press.

Manners, Ian (2002) "Normative Power Europe: A Contradiction in Terms?" *Journal of Common Market Studies*, Vol.40, No.2, pp.235-58.

Schwarzenberger, George (1955/2009) "The Standard of Civilization in International Law", Brett Bowden (ed), *Civilization: Critical Concepts in Political Science, Vol. III: Civilization and its Others*, London: Routledge.

Stivachtis, Yannis (2015) "Civilizations and Global Hierarchies: An English School Approach", E-International Relations, 28 May, 2015 (https://www.e-ir.info/2015/05/28/civilization-and-global-hierarchies-an-english-school-approach/)、2023年11月20日閲覧。

Thomas, Naff (1985) "The Ottoman Empire and the Europe States System" in Hedley Bull and Adam Watson (eds.), *The Expansion of International Society*, Oxford: Claredon, pp.143-169.

U.S. Department of State, *Foreign Relations of the United States (FRUS): Diplomatic Papers, 1948, Eastern Europe; The Soviet Union: Volume IV*.

Watson, Adam (1992) *Evolution of International Society: A Comparative Historical Analysis*, London: Routledge.

今井宏平「トルコ：ヨーロッパ難民危機以降のEUとの関係」岡部みどり編『世界変動と脱EU/超EU：ポスト・コロナ、米中覇権競争下の国際関係』日本経済評論社、2022年。

―――.『戦略的ヘッジングと安全保障の追求：2010年代以降のトルコ外交』有信堂光文社、2023年。

佐原徹哉『近代バルカン都市社会史：多元主義空間における宗教とエスニシティ』刀水書房、2003年。

バリー・ブザン『英国学派入門―国際社会論へのアプローチ―』日本経済評論社、2017年。

ヘドリー・ブル（臼杵英一訳）『国際社会論：アナーキカル・ソサイアティ』岩波書店、2000年。

第6章

国際社会と日本の「邂逅」
──英国学派の視座から

大中 真

1. 日本と「諸国民の家」

　第一次世界大戦勃発2年前の1912年、ハーヴァード大学国際法教授のジョージ・グラフトン・ウィルソンがある雑誌に「諸国民の家概念と日本」と題する論文を寄せた[1]。彼は米国海軍大学校やフレッチャー・スクールでも教鞭をとり、1921-22年のワシントン海軍軍縮会議にも参加、アメリカ国際法学会（ASIL）学会誌の編集主幹も長年務めるなど、20世紀前半のアメリカ国際法学界で重きをなした学者だった。

　ウィルソンのこの論文は、題名にこそ「日本」が掲げられているものの、構成全体の半分はヨーロッパにおける「諸国民の家（family of nations）」概念が17世紀初頭からいかに発展してきたか、に重点が置かれている。彼は、1603年のフランス国王アンリ4世の大計画から説き起こし、ウィリアム・ペンが1693年に認めた、ヨーロッパ平和のためのヨーロッパ議会設立のための評論、スアレス、グロティウス、ヴォルフ、ヴァッテルなど国際法学者たちの著作を紹介し、20世紀初頭に至るまでの「諸国民の家」概念の発展と、その過程で非ヨーロッパ世界を含んだ普遍的な概念へとどのように変容してきたかを裏付けようとする。

　同論文の後半過ぎに、クリミア戦争の終結のため1856年に調印されたパリ条約で、オスマン帝国にヨーロッパ公法が適用されることが承認されたこと、つまり「諸国民の家」の一員としてトルコが認められたことが述べられ、続いて漸く日本が論じられる。1854年の日米和親条約および1858年の日米修好通商条約に触れ、後者が不平等条約であったことが指摘され、1894年調印、1899年発効の日米通商航海条約について詳しい記述がなされる。この論文刊行時は条約発効からある程度の年月が経過しているものの、ウィルソンは『アメリカ外交文書』（*FRUS*）を直接引用する形で、1899年7月の通商航海条約発効の意義

---

1. Wilson, George Grafton, 'The Family of Nations Idea and Japan,' *The Journal of Race Development*, Vol. 2, No. 3 (Jan. 1912), pp. , 246-255.

を強調している。具体的には、山縣侯爵（山縣有朋首相）の同年7月1日の声明、桂子爵（桂太郎陸軍大臣）の指示、明治天皇による同年6月30日の命令、さらには同年12月5日のアメリカ大統領マッキンリーの通達が、そのまま掲載されている。全体の論文構成からすると多少奇異な印象を受けるが、ウィルソン自身が個人的な論評をせず、いわゆる「資料をして語らしめる」手法によって、同条約の持つ大きな意義を読者に説明しようとする意図があるように筆者には感じられる。最後にウィルソンは、日本帝国は1899年7月の日米通商航海条約の発効によって「諸国民の家」への正式な加盟が認められた、と結論づけている。

　ところで、このウィルソン論文には2つの論点があると考えられる。1つは表題に挙げた概念について、もう1つは日本の取り上げた方について、である。

　この論文の題名にも用いられている「諸国民の家」概念すなわち英語の'family of nations'であるが、文字通りに訳せば「諸国民からなる一つの家族」となる。「諸国民の家」は、20世紀初めまでは比較的よく使用された語句であるが、例として、本論文が書かれた当時の高名な国際法学者ラサ・オッペンハイムの手になる「人口に膾炙する名著」[2]たる『国際法論』第1版（1905年）を参考にしよう。オッペンハイムは「諸国民の家」を、次のように定義している。

> 「個々の国家は互いに主権を保持し独立しており、各国政府の上位に国際政府は存在せず、他国を臣従させるような中心となる政治的権威も実在しない。それにもかかわらず、あらゆる政治的な個別の要因よりも強力なものがある。すなわち、共通の利益である。このような共通の利益と、その利益を叶えるのに必要な交際とが、分かたれている国家を不可分の共同体へと結合させるのである。何百年もの間、この共同体は「諸国民の家」もしくは「諸国民の社会（Society of Nations）」と呼ばれてきた」[3]。

　オッペンハイムのこの定義は、のちの英国学派の国際社会論にも影響を与え

2.　国際法学会編『国際関係法辞典』第2版（三省堂、2005年）100-101頁。
3.　Oppenheim, L., *International Law : A Treatise*, Vol. 1 Peace (London : Longmans, Green, 1905), pp. 11-12.

たと考えられるが、「諸国民の家」の普遍的側面を強調しているように思われる。今日の「国際社会（international society）」に近い用法と言えよう。

それに対してウィルソンは、「諸国民の家」の一員として「加盟（admission）」が承認されるための要件は、ヨーロッパ諸民族であって、あるいはヨーロッパ文明を備えており、もしくはヨーロッパの制度に緊密に結びついている国家、に限定されてきたと述べているが、「『諸国民の家』に日本が加盟したことは、国際社会概念の発展に〔新たな〕一歩を刻むこととなった」と評価している[4]。

さらに彼は、日本は1899年に条約を結んだことで、「緯度、言語、習慣が西洋諸国から遠く隔たった場所にある国家であっても、諸国民の家の国家に匹敵するだけの充分な文明の発達によって、その一員としての地位を勝ち取った」[5]ことが証明されたのだ、と論文を結んでいる。ウィルソンが特に日本やトルコに対して差別的であったり、偏見に満ちた議論を文中で展開しているわけではなく、むしろ日本に好意的とさえ思われる筆の運びをしているが、それだけに、無意識のうちに欧米を主、アジアを従と見なす思想もしくは父親的温情主義（パターナリズム）──これは第一次大戦前の時代制約なのであろうが──が根底にあることが、図らずも露呈された形となっている。そしてウィルソンの論述から逆説的に言えることは、「諸国民の家」はヨーロッパを基準とした概念であり、その基準を満たした一部の例外的国家には「家」への加盟が許される、とする見方が一般的だったと思われる。

これまで一般的には、19世紀半ばにアメリカから強要された「開国」によって、日本は国際社会に参入した（せざるを得なくなった）と言われてきた。しかし、日本は欧米諸国の許可をもらって国際社会に参入させてもらったわけではない、という意味で、本論は国際社会への加盟ではなく、国際社会との「邂逅（encounter）」という言葉を用いる。バリー・ブザンが述べたように、「『国際社会』という着想は、英国学派のなかで最も重要な概念としてしばしばみなされる」[6]。日本と国際社会もしくは諸国民の家との邂逅──実は16世紀と19世紀

---

4. Wilson, *op. cit.*, p. 255.
5. *Ibid.*

の2度存在し、それは世界史上でも稀な事例である—を、英国学派の視座を取り入れつつ再解釈しよう、というのが本論の趣旨である。その意味で、本論は試論である。

2. 最初の「邂逅」～16世紀後半から17世紀初頭

　1980年秋、アメリカのNBC放送で 'Shōgun'（『将軍』）という題名のテレビドラマが五夜連続で放映され、一大ブームを巻き起こした[7]。元は英国生まれの作家のジェイムズ・クラヴェルが書いた同名の小説であったが[8]、主人公であるイングランド人航海士ジョン・ブラックソーンが、17世紀初頭の日本に漂流し、封建時代（戦国末期）の日本の権力闘争に巻き込まれていく、という筋書きである。大きな話題になった同ドラマは、日本でも翌1981年春にテレビ放映され、当時中学生だった筆者も毎回視聴したことをよく覚えている。一少年の目から見ても荒唐無稽な場面が少なくなかったが、その後1980年代後半に経済大国として絶頂期を迎える前夜の日本のイメージが、アメリカにおいてもこの程度のものであった、と解釈することもできよう。

　ドラマの主人公ブラックソーンは、明らかにイングランド人航海士ウィリアム・アダムズ（William Adams, 1564-1620）を模している。イングランドのケ

---

6. Buzan, Barry, *An Introduction to the English School of International Relations：The Societal Approach*（Cambridge：Polity Press, 2014）, p. 5〔バリー・ブザン『英国学派入門—国際社会論へのアプローチ』大中真、佐藤誠、池田丈佑、佐藤史郎ほか訳（日本経済評論社、2017年）3頁〕。
7. 'Shōgun,' 〈https://www. imdb. com/title/tt0080274/〉（Last accessed 18 September 2023）。主人公はアメリカ人俳優リチャード・チェンバレン、関東の領主である虎長（徳川家康）を三船敏郎、戸田婦人まりこ（細川ガラシャ）を島田陽子が演じた。他にもイエズス会司祭ヴァリニャーノ、オランダ人航海士ヨーステン、石田三成に相当する多くの役柄が登場する。なお本稿執筆後、ウォルト・ディズニー・カンパニー所有のFX（テレビ局）により、2024年2月から新たに制作された連続ドラマ 'Shōgun' が、定額制動画配信サービスとしてDisney+（ディズニー・プラス）より配信されている。虎永を真田広之、三浦按針をコスモ・ジャービス、戸田鞠子をアンナ・サワイが演じている。〈https://disneyplus. disney. co. jp/program/shogun〉（Last accessed 1st June 2024）。
8. Clavell, James, *Shōgun：A Novel of Japan*, 1st ed.（New York：Atheneum, 1975）。

ント州ギリンガムで生まれたアダムズは[9]、航海士となり極東行きの船団に乗船、1598年にオランダのロッテルダムを出帆したが、他の4隻は航海途中で次々と離脱し、最後に残ったリーフデ号が日本近海で座礁、1600年旧暦3月に豊後国（大分県）臼杵の黒島に漂着した。関ヶ原の戦いの6か月前のことである。アダムズら一行は捕えられ、天下統一直前の有力大名であった徳川家康に引見された。アダムズのもつ西洋最先端の知識や航海技術、それに率直な性格を家康は気に入り、旗本として取り立て、相模国三浦郡に250石の領地を与え、三浦按針という日本名を名乗るに至った。家康の、事実上の外交顧問であったと説明されることが多い[10]。近世の日本で、西洋人が正式身分の侍となり、国内の封土の領主となった稀有な例である。結局アダムズはイングランドに帰国が叶わず、日本でその生涯を閉じた。

アダムズが日本に与えた影響としては、第一次資料をもとにしたクレインスによる複数の最新研究が詳しい[11]。彼によれば、「アダムズの成し遂げた最も目覚ましい成果を要約すると、日本におけるオランダおよびイギリスの自由貿易の確立、そしてスペイン勢力の排除という外交上の二点が挙げられる」[12]。1603年に征夷大将軍に任命され、名実ともに日本の最高権力者となった家康の外交顧問として、徳川幕府が家康の名で交付した1609年のオランダ東インド会社に対する朱印状、同じく1613年にイングランド東インド会社へ発給した朱印状をめぐる交渉に、アダムズは関与していた。

ところで史料の上では、日本を最初に訪れたヨーロッパ人は、1543年にたまたま種子島に漂着した船に乗っていた数名のポルトガル人だとされている[13]。また1549年にはナバラ王国出身のバスク人貴族、イエズス会司祭のフランシ

---

9. デイヴィド・クリスタル編『岩波＝ケンブリッジ世界人名辞典』（岩波書店、1997年）19頁。
10. 一例として、横須賀市逸見にある三浦按針の菩提寺、浄土寺のウェブサイトを参考。涛江山浄土寺〈https://jodoji. net〉（最終閲覧日、2023年12月13日）。
11. フレデリック・クレインス『ウィリアム・アダムス―家康に愛された男・三浦按針』（ちくま新書、2021年）。
12. フレデリック・クレインス「ウィリアム・アダムス（三浦按針）は何を成し遂げたのか―日欧交渉史における役割の再検討」『日本関係欧文資料の世界』1号（2021年）9頁。

スコ・ザビエルが宣教のため現在の鹿児島市祇園之洲に上陸した。ザビエルは、インドのゴアを拠点に布教活動をしている中で偶然、日本人のヤジロウに出会い、それがきっかけとなって日本を目指したことからも、日本と、ヨーロッパ国際社会との最初の出会いは、まさに「邂逅」だったと言って良いだろう。

これ以降、ヨーロッパから、特にポルトガルとスペインの貿易船が頻繁に日本に来航するようになった。16世紀後半の日本は戦国時代であり、織田信長や豊臣秀吉が事実上の統一政権を樹立した後も、各地には極めて独立性の高い地方領主すなわち戦国大名が群雄割拠していた。一部の有力大名は、自国の強化のため、積極的にヨーロッパからの貿易船との交易を企て、その保証と保護のため、領主が署名した公文書たる朱印状を発行した。現在でも、日本国内各地に数多くの朱印状が残されている。

これに対して徳川家康の朱印状は、2つの点でそれ以前のものと性格を異にしている。まずその発行年からして、関ヶ原の戦いおよび江戸幕府を開いた後であり、事実上のみならず法的にも、日本の最高権力者と認められていた。次に、家康の朱印状には、その適用範囲が日本全土に及ぶことが明言されている。地方に割拠する封建領主ではなく、日本を名実ともに統一した最高権力者を相手として、ヨーロッパ諸国は家康と交渉することが可能となったのである。

1609年に家康が発給したオランダ東インド会社使節宛朱印状は、オランダ総督オラニエ公マウリッツが家康に宛てた国書[14]に対応したものであり、原本はハーグの国立公文書館に保管されている[15]。日本では、平戸オランダ商館（復元資料館）で複製を見ることができる[16]。朱印状の文章はごく短く、オランダ船は日本のどの港に寄港してもよい、という内容である。だが重要なことは、この

---

13. ポルトガル人来航は、種子島への鉄砲伝来と一体であり、それが1542年もしくは1543年だったかで、学界でも長年論争が続いてきたようである。また漂着した船に乗っていたポルトガル人の名前についても、アントニオ・デ・モッタ、フランシスコ・ゼイモト、アントニオ・ペイショットの3人だと伝える記録もある。本論では以下の論考から1543年説を採った。中島楽章「ポルトガル人の日本初来航と東アジア海域交易」『史淵』142号（2005年）33-72頁。
14. 本論で用いる「国書」は、「国の元首が、その国名を以て発する外交文書」（『広辞苑』第7版）という一般的な意味で用いる。

有名な朱印状の他に、家康からマウリッツに宛てた国書も存在することである。同じ1609年に書かれた国書の原本は残っていないが、その写しはライデン大学図書館に保管されており、また同時代にオランダ語訳された国書内容も残っている。この国書を緻密に分析したクレインス桂子は、家康はオランダとの貿易に積極的に対応していたこと、オランダ側からは通商交易のための友好同盟締結の希望も出されていたことを論じている[17]。

　ネーデルラント連邦共和国の事実上の世襲君主に近い存在だった総督たるマウリッツと、日本の征夷大将軍という軍事指導者の地位であると同時に事実上の政治支配者だった徳川家康との間で、公式な書簡のやり取りを伴う外交交渉が行われ、結果として1609年に平戸にオランダ商館が建設され、日蘭貿易が開始された事実は、「邂逅」を超えた両国の外交関係が開始されたと判断するに充分であろう[18]。

　同様のことは、1613年の家康からイングランド東インド会社に宛てて発給された朱印状の場合にも言える。こちらは原本が英国オクスフォード大学ボドリアン図書館に[19]、複製は同じく平戸オランダ商館に保存されている[20]。オランダとの関係構築と同様、アダムズ（三浦按針）の働きかけが背後にあり、その結果として、イングランド東インド会社のクローヴ号司令官ジョン・セーリスらが、1613年日本に来航した。セーリス自身が認めた日本への渡航記が今日まで

---

15. 'Trade pass 1609,' The National Library of the Netherlands 〈https://geheugen. delpher. nl/en/geheugen/view/trade-pass？coll=ngvn&facets%5BcollectionStringEN%5D%5B%5D=The+Netherlands+%E2%80%93+Japan&maxperpage=36&page=1&query=&identifier=KONB11%3A1-04-21-1A〉（last accessed 12th December 2023）.
16. 徳川家康朱印状、平戸オランダ商館〈https://hirado-shoukan. jp/exhibitions/847/〉（最終閲覧日、2023年12月13日）。
17. クレインス桂子「『阿蘭陀国主』宛家康書状—日本側とオランダ側の認識」『日本研究』67号（2023年）7-33頁。
18. フレデリック・クレインス「平戸オランダ商館の設立経緯について」『平戸紀要』8号（2020年）28-48頁。
19. 'Shinjo,' Bodleian Library, Oxford University 〈https://digital. bodleian. ox. ac. uk/objects/70d882bc-a8d6-4741-adbb-8621ed0a73d6/〉（last accessed 12th December 2023）.
20. ボドリアン図書館所蔵の朱印状の分析については、以下を参照。Massarella, Derek, Tytler K. Izumi, 'The Japonian Charters：The English and Dutch Shuinjo,' *Monumenta Nipponica：studies on Japanese culture past and present*, Vol. 45（1990）, pp. 186-209.

残されていることもあり[21]、日英関係の起点となるこの両国の「邂逅」に関してすでに多数の先行研究が残されている[22]。セーリスは、イングランド国王ジェイムズ1世の国書を持参しており、家康の手に直接渡された[23]。この時の「ジェームズの家康への手紙が、相手に同じ統治者として対等な地位を認めていた」ことは、留意すべきである[24]。そして、この国書に応えて家康はジェイムズ1世に返書を送り、同時にセーリスに朱印状を発行した。それにより同じ1613年にオランダの後を追うように、平戸にイングランド商館が開かれた。1613年の朱印状は、1609年のものと比較すると長く、全7箇条から成り、イングランド貿易船は日本のどの港にも寄港できると保証されている。よく知られているように、イングランド側の貿易不振という理由により、10年後の1623年には平戸のイングランド商館が閉鎖され、本格的な両国関係の復活は幕末19世紀半ばを待つことになる。しかし、この時に第二代将軍の徳川秀忠からジェイムズ1世に贈ら

---

21. 駐日英国公使サー・アーネスト・サトウが編纂し、公使任期最後の年となった明治33年にロンドンで刊行されたセーリスの日本渡航記はよく知られている。Saris, John, ed. by Sir Ernest Satow, *The Voyage of Captain John Saris to Japan, 1613* (London：Hakluyt Society, 1900). 同書の翻訳である、セーリス『セーリス日本渡航記』村川堅固訳、岩生成一校訂、新異国叢書6（雄松堂書店、1970年）は、厳密な資料批判を行い刊行されたものである。
22. 最近、東洋文庫により、セーリスの日本渡航記1617年版を原色・原寸で影印したものが刊行された。東洋文庫監修、平野健一郎解説『重要文化財　ジョン・セーリス「日本渡航記」』（勉誠出版、2016年）。同書の中で平野健一郎は、セーリスの渡航記の4つの異本について解説を行なっている。平野によれば、ジェイムズ1世の国書は4通あり、国王の署名入りだったが、どの地域の支配者にも使用できるよう、宛名は空欄となっており、セーリスはそのうちの1通を家康に差し出したと考える。「したがって、『ジェームズ1世の家康宛国書』という表現は、厳密にいえば正確ではない」。同上書、157頁、註10。なお、同書の存在を教示いただいた、東洋文庫研究員の牧野元紀博士に感謝申し上げたい。
23. 既述のセーリス著、村川堅固訳『セーリス日本渡航記』の369-380頁には、ジェイムズ1世から家康宛の国書（1613年9月）、家康からジェイムズ1世宛の返書（1613年10月）、さらには平戸藩主の松浦法印鎮信宛の国書、請願書などが収められている。また同書の訳者村川堅固による解説397-401頁では、ジェイムズ1世と家康の往復書翰を、異本の比較研究とともに解読することができる。
24. デレク・マサレラ、堀越庸一郎訳「1600年から1858年の英日関係」細谷千博、イアン・ニッシュ監修『日英交流史 1600-2000』第1巻「政治・外交Ⅰ」（東京大学出版会、2000年）11頁。

れた甲冑は現在でもロンドン塔に保管されており、両国の最高権力者間の交流を証明している[25]。

　さらに家康は、自ら積極的に、メキシコ（ヌエバ・エスパーニャ）を通してスペインとの直接貿易を望み、2つの朱印状を発給した同じ時期、1610年代までスペイン使節と外交交渉していたことも知られている[26]。この場合にも、家康とスペイン国王フェリペ3世との間で国書のやり取りがされており、同時に贈答品も現存している[27]。

　その他にも、東北地方を支配した有力な大名である伊達政宗が、家臣の支倉常長を外交使節団長としてスペインおよびローマ教皇庁へ派遣した慶長遣欧使節（1613-1620）は、スペイン領メキシコとの直接貿易を目指した公式の外交交渉であった。三浦按針の場合とはちょうど逆に、常長は1615年にサン・ピエトロ宮殿でローマ教皇パウロ5世に拝謁し、ローマ市民権を与えられるとともにローマ貴族に列せられた唯一の日本人となった[28]。また、イエズス会宣教師の日本での活動やそれをめぐる数多くの書簡や報告書も残されており、日本に

---

25. 'Armour (Domaru) 1580-1610,' Royal Collection Trust 〈https://www.rct.uk/collection/71611/armour-domaru〉(last accessed 12th December 2023).
26. 張慧珍「徳川家康の駿府外交体制―駿府外交の構想について―」『早稲田大学総合人文科学研究センター研究誌』1号（2013年）214-202頁。
27. 有名なのは、静岡県の久能山東照宮博物館に所蔵されている、フェリペ3世が家康に送った「洋時計」（重要文化財）である。〈https://www.toshogu.or.jp/about/clock/〉（最終閲覧日、2023年12月13日）。筆者は2023年6月25日に同博物館を訪問して現物（レプリカ）を直接確認している。
28. 支倉常長に与えられた「ローマ市公民権証書」は、「支倉常長像」（油彩）や「ローマ教皇パウロ5世像」（油彩）とともに、国宝およびユネスコ記憶遺産登録資料に指定され、仙台市博物館に所蔵されている。「慶長遣欧使節」仙台市博物館〈https://www.city.sendai.jp/museum/shuzohin/shuzohin/shuzohin-16.html#hasekura〉（最終閲覧日、2023年12月13日）。筆者は2015年11月1日に直接仙台市博物館を訪問し、これらの資料を確認している。
29. 例として、セビリアのインディアス総文書館の第一次資料を校訂、さらに日本語に翻訳した以下のような浩瀚な研究も、今では手に取ることが可能である。パブロ・パステルス『16-17世紀日本・スペイン交渉史』松田毅一訳（大修館書店、1994年）。しかし同時に、同書の翻訳者が指摘するように、16-17世紀の西欧側資料、特に宣教師が書き残した資料を、史料批判せずに採用することは危険であり、日本側資料との比較分析の必要性を強調していることには留意が必要である。松田毅一『慶長遣欧使節―徳川家康と南蛮人』（朝文社、1992年）、74-75頁。

おけるキリスト教伝来と発展、さらに迫害の歴史に関しては長年の優れた研究蓄積がある[29]。国家関係ではないものの、場合によってはそれを凌駕する、カトリック教会を繋げた地球規模での、日本と「ヨーロッパ国際社会」との関係を、グローバル・ヒストリーの観点から再検討することもできよう[30]。

　このように、国家間の最高権力者同士の公的な交渉、許可を受けた貿易関係、宗教を媒介とした密接な関係から、16世紀戦国時代末期から17世紀初頭の徳川幕府初期まで、日本は間違いなく国際社会と紐帯を持っていた[31]。家康の死後、幕府の対外政策は消極的になり、1639年にいわゆる「鎖国」が完成したとされてきた。しかし近年の歴史学界では、「鎖国」という言葉そのものが後世に創作された、いわば「創られた伝統」だとして、「海禁」を用いることが多くなっており、日本と国際社会との関係史について、以前よりも連続性を重視する傾向に変化しているようである。

　これまで日本史の文脈では、一般的に朱印状の存在が重視されてきたように筆者には感じられるが、第2節で論じたように、国書により注目することが必要ではないかと考える。その意味で、「国書」の言葉そのものを厳密に吟味し考察し、「国書」と朱印状などの「通行証」とを歴史的に検討したうえで、国際社会の誕生という英国学派の議論にも結びつく問題を提起した松方冬子をはじめとする研究は、国際関係論にも新たな示唆を与えている[32]。

---

30. 例えばバチカン図書館やバチカン文書館に所蔵されている日本関係文書の調査研究活動である、角川文化振興財団主催の「バチカンと日本100年プロジェクト」が最新の成果を公表している。〈https://www.kadokawa-zaidan.or.jp/vj100/〉（最終閲覧日、2023年12月13日）。中でも2021年11月13日に上智大学で開催された公開シンポジウム（筆者も参加）、翌年2022年11月12日にやはり上智大学で開催された公開シンポジウム「バチカンに眠る日本の記憶2022」（筆者は質問者として登壇）では、多くの研究者による研究成果が報告された。
31. 加藤榮一「初期日英関係の一側面」細谷千博、イアン・ニッシュ監修、前掲書、39-69頁は、オランダや英蘭関係、イングランドの北西航路探索など、国際関係全体の視野から、アダムズの日本との関係の意義を包括的に論じている。
32. 松方冬子「国書がむすぶ外交──15-16世紀南・東シナ海域の現場から和文脈の世界史をさぐる」松方冬子編『国書がむすぶ外交』（東京大学出版会、2019年）1-52頁。同書には、グローバル・ヒストリーの観点から、前近代の「外交」を「国書」を鍵として分析を試みる意欲的な論考が収録されている。

3. 再びの「邂逅」～19世紀半ば

　前節に合わせてきれいに対称性（シンメトリ）を維持するならば、'*Shōgun*' とほぼ同時期に制作された '*The Bushido Blade*'（『武士道ブレード』）を紹介しなければならない[33]。米国、英国および日本合作で完成したこの映画は、残念ながら『将軍』ほど有名ではなく、話題も集めず、日本では劇場公開やテレビ放映さえされず、『将軍』が異色のB級映画とすれば、C級映画に分類されるだろう。それでも『武士道ブレード』は、日本への黒船来航と1854年の日米和親条約締結に焦点を当てた映画であり、日米交渉において日本側の全権代表（応接掛筆頭）となった儒学者の林大学頭復斎と、アメリカ側のマシュー・ペリー提督の対抗関係を軸に、国内の開国派と攘夷派との対立が描かれている。物語自体は、天皇からアメリカ大統領に贈答される予定の日本刀が攘夷派に奪われ、それを取り戻そうと開国派侍とアメリカ人水兵が協力するという荒唐無稽なアクション映画であるが、やはり根底にあるのは『将軍』同様、全く異なる2つの社会の遭遇を扱っている点である。

　ペリーはアメリカ東インド艦隊司令長官として、大統領ミラード・フィルモアの日本皇帝陛下宛国書を携えて1853年7月（嘉永6年6月）に浦賀に来航し、日本側もこれを受領した[34]。ここから日米交渉が始まり、日本国内の激論の末に1854年3月（嘉永7年3月）の日米和親条約の調印へと至ったことは、よく知られている。この結果、日本はいわゆる「鎖国」政策を断念し「開国」へと至り、続いて日英和親条約（1854年10月、嘉永7年8月）、日露和親条約（1855年2月、安政元年12月）、日蘭和親条約（1856年1月、安政2年12月）と相次いで西欧列

---

33. 'The Bushido Blade,' 〈https://www.imdb.com/title/tt0078918/〉（last accessed 12th December 2023）. 林大学頭を三船敏郎、ペリーをリチャード・ブーン、開国派の侍である井戸守を千葉真一、攘夷派の大名の大和守を丹波哲郎が演じている。監督はトム・コタニこと小谷承靖が務めた。
34. この時のフィルモア大統領国書および関連する合計5通の「合衆国書翰和解」は、日本の国立国会図書館ウェブサイトで公開されている。〈https://www.ndl.go.jp/modern/img_r/001/001-001r.html〉（最終閲覧日、2023年12月13日）。

強との条約に調印していった。池井優はこの「邂逅」の意味を、「日本の開国は、アメリカにとってはピアース大統領の議会に対する21ページに及ぶ年頭教書中たった2行で片付けられるほどの意味しか持たなかったが、日本にとっては、激動の世界へ引きこまれてゆく端緒をなす大事件であったことはいうまでもない」と記しているが、正鵠を射ている[35]。「黒船襲来」という単語がその後も長く使用されてきたことは、その衝撃の大きさが日本人の記憶にいかに深く刻み込まれたことを物語っている[36]。

しかし、この時に日本が「邂逅」した国際社会は、250年前に朱印状によって貿易関係を維持しようとした当時の国際社会とは異なり、「国際関係のあり方とそれを支配する前提や原則は、ジェイムズ1世の時代とは全く変わっていた」[37]。ヨーロッパで確立した外交慣例に従った交渉と条約形式が採用され、日米和親条約以下、英国、ロシア帝国、オランダと調印した一連の条約群もこうした「作法」に則って実行された[38]。英国学派が好んで用いる概念、「文明国標準（standard of civilization）」である。

ブザンの言葉を借りれば、「文明国標準」とは、「非西洋社会」が国際社会の「構成員資格を得るうえで鍵となる基準」である[39]。特に19世紀、日本のように

---

35. 池井優『三訂　日本外交史概説』（慶應義塾大学出版会、1992年）16頁。
36. 例えば、アメリカ合衆国通商代表（USTR）を1989-93年に務めたカーラ・ヒルズが、当時バブル経済絶頂期にあった日本国政府に対して、貿易障壁の完全撤廃と自由貿易の擁護を交渉の場で強力に主張した際には、マスコミで盛んに「黒船襲来」と報じられたことは、一定の世代以上には記憶に残る。ただし、日本ではまだ（現在でもそうだが）女性閣僚が極めて例外的存在であった当時、来日したヒルズ氏が自民党の男性政治家や男性官僚たちを相手に交渉で一歩も引かなかったという、ジェンダー問題も潜んでいたことに注意すべきではある。その意味では、二重の意味での「黒船襲来」と言えるだろう。
37. マサレラ、前掲論文、29頁。
38. 加藤祐三「幕末開国と明治維新期の日英関係」細谷千博、イアン・ニッシュ監修、前掲書、71-98頁は、この時期の日米関係をも詳細に論じているが、家康時代とは全く異なる「交渉条約」が2国間関係を規定していることを確認できる。なお、同論文の中で加藤は、19世紀「近代国際政治」を、①列強、②植民地、③敗戦条約国、④交渉条約国の4つの体制の総体からなるとする独自の興味深い説を展開している。それによれば、日本は英国や米国など他の列強との関係では④（司法・行政の一部を喪失するものの、「懲罰」概念はない）に該当するという。
39. Buzan, *op. cit.*, p. 60〔ブザン、前掲書、79頁〕。

何とか西洋列強の植民地化を免れようとするならば、西洋が定めた「文明国標準」の参入基準を満たさなければならなかった。それは具体的には、「法、財産権、人権、よき統治といった事柄にまつわる条件」であった[40]。その中でも、1850年代の日本にとって最も重要な基準こそが、国際法（万国公法）であった。日本が国際社会の一員として承認されるかどうかは、まさに西洋諸国からみて日本は国際条約を結ぶに値する国家であるか、また条約を履行する能力があるかないか、という点であった。ブザンは、英国学派の今後の課題について、「新しい西洋秩序と折り合いをつけることを強制された多様な非西欧文化（主に日本、中国、オスマン帝国、タイ）との邂逅については、多くの先行研究がある」ことを認めているが、本論文はその延長線上にあり、「英国学派が語る大きな物語」の一つでもある[41]。

『武士道ブレード』でも取り上げられた日米交渉では、双方の外交団にそれぞれ英語と日本語に熟達した者がいなかったため、お互いにオランダ語と漢語に翻訳しながら交渉を行うという状況だった。しかし、日米和親条約により初代駐日総領事となって着任したタウンゼント・ハリスが強力に推進した外交交渉の結果、4年後の1858年7月（安政5年6月）に日米修好通商条約が調印される。和親条約調印と同様にこの時も、直後に日蘭修好通商条約、日露修好通商条約、日英修好通商条約（3つとも1858年8月、安政5年7月）、日仏修好通商条約（1858年10月、安政5年9月）と、立て続けにいわゆる安政5カ国条約が調印されるが、いずれも日本にとっては不利な内容を含む不平等条約であり、こうして日本は西欧国際体系の中にしっかりと組み込まれていった。

では英国学派は、国際社会と日本の「邂逅」を、これまでどのように論じてきたのだろうか。いくつかの代表的研究を紐解いてみよう。英国学派の確立者であるマーティン・ワイトは代表作『国際理論』の中で、第4章の人間の理論「未開人」においてこの問題を扱っている。彼は、「国際社会（というものがあるとして）は、どの範囲にまで広がるのか」との問いをまず設定する[42]。彼に

---

40. *ibid*., p. 140〔同上書、191頁〕。
41. *ibid*., p. 184〔同上書、253頁〕。

よれば、国際理論の3つの伝統のうち現実主義の例として[43]、ペリー来航を挙げている。中国と同じく「鎖国帝国」であった日本は、ペリー提督の来航（1853-54年）、薩英戦争（1863年）、大阪湾での英仏蘭米4カ国艦隊の示威行動（1865年）を通じて「ヨーロッパとの貿易が強制された」[44]。続けてワイトは、1852年11月に（アメリカ政府から）ペリーへ出された指令の中で、日本は未開人だと言及していることを挙げる。ただし、誰を「未開人」と見るかは、時代や地域を超えて存在しており、古代ギリシア人から見た非ギリシア人、中世のドイツ人から見た異教徒スラヴ人、イングランド人から見た北米「インディアン」など多くの例を挙げ、帝国主義時代のヨーロッパ諸国が非ヨーロッパ地域に対してだけ未開人とみなした訳ではない、もっと人間社会にとって根深い「理論」であることを指摘している。ワイトは、英国学派に対して安易によくなされる、ヨーロッパ中心主義との批判を超えた議論を展開しており、ペリー来航を国際関係史全体の中で相対化する視座を提供していると言えよう。

　では、ヘドリー・ブルは日本の「邂逅」をどう分析しているだろうか。ブルの分析概念整理によれば、ワイトは国家体系（国家システム）を分類する際に、①「国際的国家システム」＝主権国家から成るシステムと、②「宗主国家システム」＝一国が、残余の国家に優越する大権ないし最高権を主張し維持しているシステムとに分けた[45]。前者はヨーロッパで誕生した国家体系、後者はローマ帝国とそれに隣接する異民族の部族国家との関係、ビザンティウムとその隣接弱小国との関係、アッバース朝東カリフ国とその周囲の弱小国との関係、そして中華帝国とその朝貢国との関係が該当するという。ワイトの議論を基底としたブルの思想を発展させると、日本は②から長い時間をかけて徐々に離脱し、

---

42. Wight, Martin, *International Theory : The Three Traditions* (Leicester : Leicester University Press, 1991), p. 49〔マーティン・ワイト『国際理論—三つの伝統』佐藤誠、安藤次男、龍澤邦彦、大中真、佐藤千鶴子訳（日本経済評論社、2007年）64頁〕.
43. 現実主義（マキャベリ主義）以外の2つの伝統とは、合理主義（グロティウス主義）と革命主義（カント主義）である。
44. Wight, *op. cit.*, p, 56〔ワイト、前掲書、73頁〕.
45. Bull, Hedley, *The Anarchical Society : A Study of Order in World Politics*, 4th ed. (New York : Columbia University Press, 2002), p. 10〔ヘドリー・ブル『国際社会論—アナーキカル・ソサイエティ』臼杵英一訳（岩波書店、2000年）11頁〕.

1850年代に①に移行した、と考えられる。

　ブルの国際社会（主権国家から成る社会と同義）の定義は、次のようになる。「一定の共通利益と共通価値を自覚した国家集団が、——その相互関係において、それらの国々自身が、共通の規則体系によって拘束されており、かつ、共通の諸制度を機能させることに対してともに責任を負っているとみなしているという意味で——一個の社会を形成しているとき」に、国際社会は存在する[46]。ブルの議論の特徴は、国際社会と国家体系（国家システム）とを明確に区別していることにある。ここから、「トルコ・中国・日本・韓国・シャムは、ヨーロッパ主導の国際社会の一部となる以前は、ヨーロッパ主導の国際システムの一部であった」との認識が引き出される。彼は自らの認識に説明を加え、「それらの国々とヨーロッパ諸国が、共通利益や共通価値を承認し、互いが、同一の規則体系に服し、共通制度の働きに協力しているとみなすようになるまでは」、すなわち19世紀半ばの日本が黒船襲来で国際社会に組み込まれる前は、「それらの国々は、ヨーロッパ諸国と接触をもち、戦争や通商によって顕著な相互作用を及ぼし合っていた」、つまり17世紀初頭の家康時代に相当するが、このようにブルは理解していた[47]。ブルはオスマン帝国とヨーロッパとの関係を念頭に以上のような議論を展開したが、日本と国際社会との「邂逅」をどう捉えるかを考察するうえで、興味深い論点を提示していると言える。

　3つ目に、英国学派の代表作の一つである、1984年に刊行されたブルとアダム・ワトソン編『国際社会の拡大』を取り上げたい。23名もの研究者が結集した大部の研究だが、ゲリット・ゴングの「国際社会への中国の参入」は出色である。ゴングの議論は中国のみを対象としているが、「ヨーロッパ中心主義の観点からすると、ヨーロッパ国際社会の拡大はグローバル社会へと連なる物語であるが、非ヨーロッパ周辺からすると、変化、適応、そして自発的であるか

---

46. *ibid.*, p. 13〔同上書、14頁〕.
47. *ibid*〔同上書、15頁〕.
48. Gong, Gerrit W., 'China's Entry into International Society,' in Bull, Hedley and Adam Watson, eds., *The Expansion of International Society* (Oxford：Clarendon Press, 1985), p. 171.

否かを問わず、順応の物語である」との記述は、まさに日本をも指している[48]。ゴングは、中国（そして日本）と国際社会への参入を考えるうえで重要となる「文明国標準」概念を提起し、同じ年に刊行された単著は、英国学派の中の古典となった[49]。「誇り高い孤立主義だった中国」は、1842年に不平等条約を結ばざるを得なかったが、治外法権が公式に廃止される1943年まで実に101年間もの歳月が必要だったことを振り返ると[50]、文明と国際社会についてのさらなる考察が必要であろう[51]。

『国際社会の拡大』にはもう一人、ヒデミ・スガナミ（菅波英美）が「国際社会への日本の参入」を執筆している。スガナミは、日本と西洋諸国との関係開始は1853年であるという一般的な通説を退け、①17世紀初頭の日本人と外国人との相互交流、②徳川家の下で19世紀半ばまで続いた鎖国政策、③19世紀半ばにしぶしぶ鎖国を止め、国際社会において大国の地位を得るまでの、3段階に分類している[52]。ただし「鎖国」政策下でも、徳川幕府はオランダと中国を「通商国」（正式な国交はなく、通商関係のみ）、朝鮮と琉球を「通信国」（正式な国交を持つ）として4カ国と関係を保っていたこと、イングランドやロシアが貿易を求めて日本に来航していたこともスガナミは指摘している。1853-58年の幕末時代に、西洋列強との条約交渉や締結、領事の受け入れを通じて、日本は「国際社会の基本原則と実践に参加し始めた」のであり、この時期から世紀の変わり目に不平等条約改正に成功するまでの時期が、日本が国際社会に参入した時期だとスガナミは論じている[53]。その意味では、1868年（慶応4年）1月に明治新政府が諸外国に発表した「王政復古」と「天皇の外交主権掌握」、さらに同年3

---

49. Gong, Gerrit W., *The Standard of 'Civilization' in International Society* (Oxford：Clarendon Press, 1984).
50. Gong, 'China's Entry,' p. 183.
51. 中国と日本を焦点に、この「文明国標準」問題に取り組んだ労作として、次を参照。Suzuki, Shogo, *Civilization and Empire：China and Japan's Encounter with European International Society* (Abingdon：Routledge, 2009).
52. Suganami, Hidemi, 'Japan's Entry into International Society,' in Bull, Hedley and Adam Watson, eds., *The Expansion of International Society* (Oxford：Clarendon Press, 1985), p. 185.
53. *ibid.*, pp. 190-191.

月に国内向けに出された「五箇条の御誓文」が、その第4条で「天地の公道」すなわち万国公法もしくは国際法に従うことが明記され、これによって日本が国際社会の一員になることを自ら主体的に宣言した、との指摘も首肯できる[54]。

4. 日本は「準」周辺か

　本論はシンポジウムのテーマ「国際学の先端―（準）周辺から見た国際社会」に即して、19世紀半ばの「開国」によって日本が国際社会に参入した、という通説の検討を試みた。そのためにまず17世紀初頭に徳川家康によって発給された2つの朱印状およびその前後に交わされた国書を中心に、日本とヨーロッパ諸国との関係を検討し、次いで19世紀の黒船来航と欧米諸国との条約調印を振り返り、2度に亘る両者の「邂逅」を考察した。国際社会論を唱える英国学派は、戦国時代末期から徳川幕府初期の時期を主要な考察対象にしていないため、この重要な時期を埋めることも本論の目的であった。

　まず、最初の「邂逅」であるが、この時期の日欧関係史でこれまで重視されてきたイエズス会修道士の活動、キリスト教布教やキリシタン弾圧、天正遣欧少年使節団、カトリック国ポルトガルおよびスペインと、プロテスタント国オランダおよびイングランドとの対立構図、朱印状による南蛮貿易の実像などではなく、国家間の外交関係に注目した。その結果、贈答品を伴う国書の交換が両国の最高権力者間で確認された。家康時代は、1648年のウェストファリア体制以前であり、ヨーロッパ国際体系もまだ形成されていない。日本と西洋との「邂逅」が、これまで国際関係論や国際社会論の文脈であまり語られてこなかった理由に、この観念が関係しているかもしれないと筆者は考えている。また、本論でブルの国際社会論の定義を再確認したように、確かに17世紀前半の日本とオランダおよびイングランドとの関係においては、共通の規則体系や共通の諸制度は存在していなかった。

　だが近年、ウェストファリアの「神話」が検討されるようになり、その絶対

---

54. *ibid.*

性にも疑問が向けられるようになった[55]。英国学派は、従来の他の国際関係理論と同様、ウェストファリア体制の成立による国家体系の誕生と発展に基盤を置いてきたと言ってもよく、ヨーロッパ中心主義に対する批判の克服と同時に再検討を迫られている。英国学派の研究者と接触を持ちつつ、その思想に懐疑的であったチャールズ・アレクサンドロヴィッチは、ヨーロッパによる植民地化以前のアジアやアフリカ諸国家（インドの土侯国、アフリカの部族国家、中東の首長国や世界各地の小王国など）と結んだ条約の有効性を強く主張した[56]。その根底には、彼のウェストファリア体制そのものへの不信と自然法思想への確固たる確信があったように思えるが、もしアレクサンドロヴィッチが家康時代の日本とヨーロッパ諸国との外交関係を研究していたら、彼にとっては諸国民の法を構成する一要素とみなしたのではないかと筆者は考える。

　最後に、本論の冒頭で紹介した、G. G. ウィルソン教授の論文で示された、日本の諸国民の家への加盟、すなわち国際社会への参入を1899年とする説に立ち戻ろう。既述のようにウィルソンの説の根拠は、同年発効した日米通商航海条約である。ブザンも「日本は、非西洋の大国が『文明国標準』の迅速な順応に成功したモデルケースになる。この国は1899年に国際社会に受け入れられ、その後間もなく大国としてみなされるようになった」と述べている[57]。しかしこの認識は、あくまで西欧国際体系の条約形式からみた解釈であって、日本人の間で、1899年に日本は国際社会に参加した、あるいは認められたとみなしている者がどれほどいるだろうか？　その直近で見るならば、日本が欧米諸国と対等

---

55. 例えば、明石欽司『ウェストファリア条約―その実像と神話』（慶應義塾大学出版会、2009年）や、山下範久、安高啓朗、芝崎厚士編『ウェストファリア史観を脱構築する―歴史記述としての国際関係論』（ナカニシヤ出版、2016年）など。
56. Alexandrowicz, C. H., eds. by Armitage, David and Pitts, Jennifer, *The Law of Nations in Global History* (Oxford：Oxford University Press, 2017)〔C. H. アレクサンドロヴィッチ著、D. アーミテイジ、J. ピッツ編『グローバル・ヒストリーと国際法』大中真、佐藤誠、池田丈佑、幡新大実、苅谷千尋、千知岩正継、周圓訳（日本経済評論社、2020年）〕. とりわけ、アーミテイジとピッツによる序章「現代のグロティウス―C. H. アレクサンドロヴィッチの生涯と思想」を参照。
57. Buzan, *op. cit.*, pp. 66-67〔ブザン、前掲書、88頁〕. その根拠として、本論でも注で引用したスガナミの1984年論文と、ゴングの1984年研究書を挙げている。

な国家として国際社会に認められたのは1902年の日英同盟締結であり、1905年の日露戦争の勝利であり、1911年の関税自主権の撤廃による不平等条約の完全終結こそが、重要かつ象徴的な事件であろう。もしくは、もっと時間軸を伸ばすならば、1853年のペリー来航こそが、日本が国際社会に「引き込まれた」年であり、さらには16世紀半ばから17世紀初頭にかけての時代、すでに日本は間違いなく国際社会に入り、遠くヨーロッパ諸国に影響を与えていた。

　文明に関して数多くの研究を残したアンドリュー・リンクレイターは[58]、「世界政治における『文明国標準』」と題する論文の中で、「文明国標準」とは19世紀の国際法学者が「発明」したものであり、社会学者エリアスの議論を援用しながら、ヨーロッパ諸国が非ヨーロッパ社会を植民地化することを弁護するための「幻想」に過ぎなかった、と断言している[59]。リンクレイターは、この文明に参加しようとした第二次帝国主義国家としてロシアと日本の名を挙げているが、冒頭で述べた「諸国民の家」概念と並び、国際社会論をさらに深く探究するために、我々学徒が取り組むべき課題は多い。

　日本が、国際社会の「準」周辺に位置するのか否かについては、米国や中国、ロシアのような軍事大国や国連常任理事国と比較するのか、それとも経済水準や生活環境などを基準としてその他の国と比較するのかによって、当然に意見が異なるだろう。しかし、重なり合う多中心的な複数の国際社会を構想するならば、また別の地平が姿を現す。今回の桜美林大学でのプロジェクトが一つの触媒となり、国際社会論がさらに発展することを期待したい[60]。

---

58. アンドリュー・リンクレイター、佐藤誠、大瀧正子訳「国際社会と文明化の過程」佐藤誠、大中真、池田丈佑編『英国学派の国際関係論』(日本経済評論社、2013年) 203-226頁。
59. Linklater, Andrew, 'The 'Standard of Civilisation' in World Politics,' *Human Figuration*, Vol. 5, issue 2 (2016). 〈https://quod.lib.umich.edu/h/humfig/11217607.0005.205/--standard-of-civilisation-in-world-politics？rgn=main;view=fulltext〉(last accessed 31st May 2024).

60. 本稿の最初のアイデアは、筆者が2015年2月25日にハーヴァード大学ライシャワー日本研究所で行った以下の報告、ONAKA, Makoto, "Japan and International Society, 1641 and 1853：A View from the English School of International Relations, "a workshop at CGIS South, Harvard University. Supported by the Edwin O. Reischauer Institute of Japanese Studies at Harvard University. を基礎としている。特別ワークショップの開催に尽力いただいたテッド・ギルマン博士（Dr. Ted Gilman）、討論者を快く引き受けていただいたイアン・ミラー教授（Prof. Ian Miller）、コメントをいただいた歴史学部長デイヴィッド・アーミテイジ教授（Prof. David Armitage）、共同でイベントを立ち上げた青山学院大学の矢野晋吾教授、明星大学の勝又基教授、ライシャワー研究所スタッフの皆さん、そして会場に溢れた多数の来場者の方々と、その際の数々のコメントや質問意見に感謝申し上げたい。この最初のアイデアは、2017年11月の「準」周辺からの国際社会論という桜美林大学国際学研究所シンポジウムを経て、歳月を重ねることで、今回の論考へと発展したことを記したい。

参考文献

Alexandrowicz, C. H., eds. by Armitage, David and Pitts, Jennifer, *The Law of Nations in Global History* (Oxford：Oxford University Press, 2017)〔C. H. アレクサンドロヴィッチ著、D. アーミテイジ、J. ピッツ編『グローバル・ヒストリーと国際法』大中真、佐藤誠、池田丈佑、幡新大実、苅谷千尋、千知岩正継、周圓訳（日本経済評論社、2020年）〕.

Bull, Hedley, *The Anarchical Society：A Study of Order in World Politics*, 4th ed. (New York：Columbia University Press, 2002)〔ヘドリー・ブル『国際社会論―アナーキカル・ソサイエティ』臼杵英一訳（岩波書店、2000年）〕.

Buzan, Barry, *An Introduction to the English School of International Relations： The Societal Approach* (Cambridge：Polity Press, 2014)〔バリー・ブザン『英国学派入門―国際社会論へのアプローチ』大中真、佐藤誠、池田丈佑、佐藤史郎ほか訳（日本経済評論社、2017年）〕.

Clavell, James, *Shōgun：A Novel of Japan*, 1st ed. (New York：Atheneum, 1975).

Gong, Gerrit W., *The Standard of 'Civilization' in International Society* (Oxford：Clarendon Press, 1984).

―――. 'China's Entry into International Society,' in Bull, Hedley and Adam Watson, eds., *The Expansion of International Society* (Oxford：Clarendon Press, 1985).

Linklater, Andrew, 'The 'Standard of Civilisation' in World Politics,' *Human Figuration*, Vol. 5, issue 2 (2016).

Massarella, Derek and Tytler K. Izumi, 'The Japonian Charters：The English and Dutch Shuinjo,' *Monumenta Nipponica ：studies on Japanese culture past and present,* Vol. 45 (1990).

Oppenheim, L., *International Law：A Treatise*, Vol. 1 Peace (London：Longmans, Green, 1905).

Saris, John, ed. by Sir Ernest Satow, *The Voyage of Captain John Saris to Japan, 1613* (London：Hakluyt Society, 1900).

Suganami, Hidemi, 'Japan's Entry into Internatinal Society,' in Bull, Hedley and Adam

Watson, eds., *The Expansion of International Society* (Oxford : Clarendon Press, 1985).

Suzuki, Shogo, *Civilization and Empire : China and Japan's Encounter with European International Society* (Abingdon : Routledge, 2009).

Wight, Martin, *International Theory : The Three Traditions* (Leicester : Leicester University Press, 1991)〔マーティン・ワイト『国際理論―三つの伝統』佐藤誠、安藤次男、龍澤邦彦、大中真、佐藤千鶴子訳(日本経済評論社、2007年)〕.

Wilson, George Grafton, 'The Family of Nations Idea and Japan,' *The Journal of Race Development*, Vol. 2, No. 3 (Jan. 1912).

明石欽司『ウェストファリア条約―その実像と神話』(慶應義塾大学出版会、2009年)。

池井優『三訂　日本外交史概説』(慶應義塾大学出版会、1992年)。

加藤榮一「初期日英関係の一側面」細谷千博、イアン・ニッシュ監修『日英交流史 1600-2000』第1巻「政治・外交Ⅰ」(東京大学出版会、2000年)。

加藤祐三「幕末開国と明治維新期の日英関係」細谷千博、イアン・ニッシュ監修『日英交流史 1600-2000』第1巻「政治・外交Ⅰ」(東京大学出版会、2000年)。

デイヴィド・クリスタル編『岩波＝ケンブリッジ世界人名辞典』(岩波書店、1997年)。

クレインス桂子「『阿蘭陀国主』宛家康書状―日本側とオランダ側の認識」『日本研究』67号(2023年)。

フレデリック・クレインス「平戸オランダ商館の設立経緯について」『平戸紀要』8号(2020年)。

フレデリック・クレインス『ウィリアム・アダムス―家康に愛された男・三浦按針』(ちくま新書、2021年)。

―――.「ウィリアム・アダムス(三浦按針)は何を成し遂げたのか―日欧交渉史における役割の再検討」『日本関係欧文資料の世界』1号(2021年)。

国際法学会編『国際関係法辞典』第2版(三省堂、2005年)。

セーリス『セーリス日本渡航記』村川堅固訳、岩生成一校訂、新異国叢書6(雄松堂書店、1970年)。

張慧珍「徳川家康の駿府外交体制―駿府外交の構想について―」『早稲田大学総合人文科学研究センター研究誌』1号(2013年)。

東洋文庫監修、平野健一郎解説『重要文化財　ジョン・セーリス「日本渡航記」』(勉誠出版、2016年)。

中島楽章「ポルトガル人の日本初来航と東アジア海域交易」『史淵』142号 (2005年)。

パブロ・パステルス『16-17世紀日本・スペイン交渉史』松田毅一 訳 (大修館書店、1994年)。

デレク・マサレラ、堀越庸一郎訳「1600年から1858年の英日関係」細谷千博、イアン・ニッシュ監修『日英交流史 1600-2000』第1巻「政治・外交 I」(東京大学出版会、2000年)。

松方冬子「国書がむすぶ外交—15-16世紀南・東シナ海域の現場から和文脈の世界史をさぐる」松方冬子編『国書がむすぶ外交』(東京大学出版会、2019年)。

松田毅一『慶長遣欧使節—徳川家康と南蛮人』(朝文社、1992年)。

山下範久、安高啓朗、芝崎厚士編『ウェストファリア史観を脱構築する—歴史記述としての国際関係論』(ナカニシヤ出版、2016年)。

アンドリュー・リンクレイター、佐藤誠、大瀧正子訳「国際社会と文明化の過程」佐藤誠、大中真、池田丈佑編『英国学派の国際関係論』(日本経済評論、2013年)。

第7章

ブルの国際社会論──英国学派とは

加藤 朗

はじめに

　本論の主題は、ブルの「国際秩序」と「国際社会」(主権国家から成る社会) 概念を考察することを通じて、英国学派とは何かを明らかにすることにある。
　以上の主題の分析枠組みとして、ブルの第一の課題「国際秩序」について、タルコット・パーソンズが提起した「『ホッブズ的』な秩序の問題」(以下「ホッブズ問題」と略)を、そして第二の課題にある国際社会について、システム論を概念枠組みに考察する。
　ブルは『国際社会論』(*The Anarchical Society*) の目的について、こう強調する。「第一に、本書において扱うのは、世界政治のすべてではなく、<u>その中の一つの要素である『秩序』に関してである</u>. ……ここでは、対照的に、国際政治において、ある一時点ないしある一地点で存続したりしなかったりする一つの特性としての秩序、あるいは、程度の差はあれ<u>現存している一つの特性としての秩序</u>、すなわち、無秩序に対する秩序のことを考えているのである」(ブル, xix)(下線引用者)。ブルにとって、秩序は世界政治の「一つの要素 (element)」、「現存している一つの特性としての秩序」であり、所与の前提となっている。その前提の上に、次のような三つの「基本的な質問 (basic questions)」が設定される。
「(ⅰ) 世界政治における秩序とは何か (What is order in world politics？)」
「(ⅱ) 今日の主権国家システムでは、秩序はどのようにして維持されているのか (How is order maintained within the present system of sovereign states？)」
「(ⅲ) 主権国家システムは、依然として、世界秩序への発展可能な道を与えているのか (Does the system of sovereign states still provide a viable path to world order？)」
(ブル, xix)(Bull, xv)
　本論で扱うのは、(ⅰ)、(ⅱ) の「質問」である。
　ブルは、(ⅰ)、(ⅱ) の「質問」について、次のように論理を展開する。
　(ⅰ) の「質問」については、世界政治における「一つの要素としての秩序」すなわち国際秩序が、アウグスティヌスの秩序から演繹される。

(ⅱ)の「質問」、については、主権国家とは何か、主権国家システムとは何かを定義した上で、国際秩序の維持が考察される。

　ブルの問題意識は、「主権国家」の集合体である「主権国家システム」(国際システム)がどのようにして「主権国家から成る社会」(国際社会)を形成し、国際社会の秩序を維持するかを明らかにすることにある。

　他方、本論の問題意識は、ブルが考える国際秩序や国際システム、国際社会の考察を通じて、国際社会の秩序が、なぜ所与の前提となっているかを明らかにすることにある。ブルは秩序とは何か、国際秩序はどのように維持されているかを、「質問」(ⅰ)(ⅱ)で問うた。しかし、神なき地上における秩序の形成の解明こそ、自然科学、社会科学を問わずあらゆる近代学問の最も根本的な問題である。近代政治学においてもホッブズ以来の中心的命題であり、社会学でもタルコット・パーソンズが「ホッブズ問題」として取り上げた命題である。にもかかわらず、ブルは国際秩序や国際社会の形成については論ずることなく、それらを歴史的な所与の前提として国際社会における秩序とは何か、どのように維持すべきかを考察している。この理由の考察を通じて、ブルがカプランやウォルツら米国学派(もしあるとして)とは異なる国際社会観や論理で国際秩序や国際システムそして国際社会について論じていることを明らかにする。

1. ブルの国際秩序

(1) ブルの秩序—アウグスティヌスの秩序—

　国際社会、国際秩序とは何かを問う前に、ブルは社会秩序とは何かを、次のように定義している。
「秩序ということばのもっとも単純かつ一般的な意味において,それらの対象が,ある様式(some pattern)にしたがって,相互に関連しており,また,それらの関係は,まったく偶発的なものであるわけではなく,識別可能なある原則(some discernible principle)を内包しているということにはかならない」(ブル, 3)(Bull, 3)(下線引用者)。この定義の核心は、「ある様式」(以下「パタン」と略)

とは何か、「識別可能なある原則」（以下「原則」と略）とは何かである。ブルが秩序をこう定義した時、国際秩序における「原則」は「目標と価値」に基づく「原則」であり、その「原則」によって「勢力均衡, 国際法, 外交, 戦争, 大国といった『主権国家から成る社会』制度」が構成され、主権国家間に見られる秩序としての「パタン」が表出するのである。まとめるなら「パタン」が秩序を表象し、「原則」が、どのようにかは別にして、秩序を形成しているのである。

　ブルは、一般的な秩序を定義した上で、社会における秩序を次のように定義する。「人間が社会生活において期待する秩序とは, 人間個人や人間集団同士の関係の様式や規則性ではなく, 一定の目標や価値を促進するような社会生活の配列という, 特定の結果につながる行動様式のことである」（ブル, 3-4）（下線引用者）。社会秩序とは「人間が社会生活において期待する秩序」であり、そして「社会生活の配列という、……行動様式」のことである。ブルの定義で重要なのは、この「行動様式」は、一般的な秩序から帰納される、単なる「人間個人や人間集団同士の関係の様式や規則性ではなく, 一定の目標や価値を促進するような社会生活の配列という, 特定の結果につながる行動様式」ということである。目標や価値を実現できるよう規範的に「原則」が決定され、その「原則」に基づいて人や国家など社会システムの構成素の「社会的配列」すなわち「人間が社会生活において期待する秩序」が決まるのである。そしてこの「社会的配列」を具現化するのが、規則や制度である。つまりブルにとっての秩序とは、目標や価値を表象する良き「行動様式」が秩序であり、「原則」なき「行動様式」が無秩序と言うことになる。そしてブルは国際秩序を、「主権国家から成る社会, あるいは国際社会の主要な基本的目標を維持する活動様式のことを指す」（ブル, 9）と定義した。

　この「行動様式」あるいは「活動様式」という考えは、アウグスティヌスの次のような秩序の定義に基づいている。「秩序とは『差異のある部分が, 各々最適な場所にある良い配置』」（ブル, 4）。「その定義は, 秩序を, あらゆる様式としてではなく, 一定の種類の行動様式として提起しており, また, 目標と価値を重視しているので, 有益な出発点となるであろう」（ブル, 4）。このようにブルは、アウグスティヌスの定義から、「目標と価値」（原則）と「行動様式」（パタン）

というブルの基本概念を援用するだけでなく、「差異のある部分」が配置される「場所」すなわち「場」（システム）[1]の存在を所与の前提として受容する。その結果、ブルの秩序論に二つの特徴が生まれることになった。

すなわち「社会生活の配列」は「最適な」、「良い」という価値判断やその基準となる価値を必要とするが、それは「人間が社会生活において期待する秩序」という目標を達成するためだからである。ここにおいて、ブルは「期待」すなわち価値に基づく目標を達成するための「原則」いわばカントの統制的原理（後述）が秩序すなわち「最適な」、「良い」「パタン」を（神に代わって）統制するという、カント的あるいはアリストテレスの目的論的全体論そして自由意志論の立場に立つ。しかし、秩序の形成は「原則」という人間の自由意志の問題なのか、それとも、デカルトやホッブズの機械論的、要素論的な、人間の自由意志とはかかわりのない科学的「法則」に基づく理神論的決定論の問題なのか、という難問に直面する。ブルはアリストテレスに淵源を持つ全体論に依拠した「原則」の自由意志論、ブルが批判の対象に挙げたカプランをはじめとする米国の政治研究者はアダム・スミスの「神の見えざる手」のミクロ経済学を概念枠組みとする科学合理主義の「法則」の決定論の立場に立つ[2]。

ブルは社会秩序の解明に「法則」の適応可能性を完全に否定しているわけではない。ただし、法則や予測可能性から定義された社会秩序と、社会秩序そのものの重要性とを混同してはならないと、くぎを刺す（ブル, 8）。社会秩序は、「法則」が支配する自然界の秩序とは異なり、あくまでも人間が「原則」によって作り出す秩序である、との主張である。この主張は、最後に論ずる勢力均衡論でもブルは同様の論理を展開している。もし英国学派、米国学派があるとするなら、「原則」の自由意志論か、「法則」の決定論かの差異が両学派を弁別する基準の一つであろう。

---

1. 「場」あるいはシステムとは、客観的なモノ、主観的なコトを全体的（wholistic）に把握する概念で、何らかの問題意識をもったときに表出してくる（加藤, 120-122）。
2. この「行為の一般命令的原則」と「科学的法則」との関係について、ブルは、例えば「規則的な行動様式」の科学的法則化の可能性において両者の「合致を発見する可能性」があると示唆している（ブル, 8）。

第7章　ブルの国際社会論　165

今一つの特徴は、アウグスティヌスが暗黙裡に前提とした、「場」の概念をブルも取り入れたため、「国際社会は, 国際システムの存在を前提にしている」（ブル, 15）と述べるように、国際システムが国際秩序の所与の前提となったことである[3]。差異のある部分が配置されるには全体である「場」が必要である。アウグスティヌスは一般社会を「場所」すなわち「場」として暗黙の前提としている。結果、アウグスティヌスの秩序概念を受容したブルは、国際社会の主権国家を配置する「場」として国際システムを所与の前提とすることになった。では国際システムはどのように形成されたのであろうか、さらに序文で「ブルは, 国際社会の成立過程について十分に解き明かしてはくれなかった」（ブル, xi）とホフマンが指摘するように、「国際システムの存在を前提にしている」国際社会もまたどのように形成されたのであろうか。この問題については後述する。

(2) 目標と価値

ブルのいう秩序を維持する目標や価値は、明らかにホッブズ、さかのぼればツキジデスからマキャベリらに引き継がれ、西洋価値論の基礎となった「社会体系の文化的伝統」（パーソンズ）としての三つの価値に依拠している。それはホッブズの、「安全（不信）・評判（誇り）・利得（競争）」（ホッブズ, 210）[4]である。これら三つの価値は、ホッブズが『リヴァイアサン』第13章で記した戦争の三つの原因、言い換えるなら無秩序の原因である。「人間の本性の中に、三つの主要な、争いの原因を見出す。第一は競争、第二は不信、第三は誇りである。第一は、人々に利得を求めて侵入をおこなわせ、第二は安全をもとめて、第三は評判を求めてそうさせる」（ホッブズ, 210）。ホッブズは、これらの価値や目標の実現のために人々は相争い「自然状態」は戦争状態になると考えた。

ブルも、ホッブズ同様に、以下の三つの価値を挙げる。しかし、結論は異な

---

3. 後述するが、ブルは国際社会は国際システムを前提とするが、国際システムは国際社会を前提とせず、「国際社会ではない国際システムも存在する」（ブル, 15）と主張する。国際秩序は国際社会の秩序であるとして、国際社会なき国際システムの秩序はどのように形成されるのであろうか。カプランをはじめとする米国学派は「国際社会ではない国際システム」の秩序について考察したのではないか。
4. 詳しくは、以下を参照。「第1部第3章 価値とは何か」（加藤, 2022）。

る。「あらゆる社会生活の基本的価値——ときに，生命・信義・財産の価値とも呼ばれるもの——」（ブル，5）であり、この基本的価値の達成すなわち「暴力に対する安全の確保や，合意の遵守，所有の安定」（ブル，5）が基本的目標として設定される。この三つの価値は、ホッブズの「安全、評判、利得」に相当する。第一の「競争」は所有の安定、第二の「不信」は暴力に対する安全の確保、そして第三の「誇り」は合意の遵守を目標とする。そしてブルは、これらの三つの目標は、『普遍的な』ものでもある。現実のあらゆる社会は、それらの目標を考慮しているように思われる」（ブル，6）（下線引用者）として規定する。つまりブルは、これらの三つの目標は普遍的であり、従って西洋社会を越えて、国際社会も含め「現実のあらゆる社会」が目標として考慮している「社会体系の文化的伝統」と規定した。ブルは、これらの価値や目標の実現のために、主権国家は規約や制度などで国際社会の秩序すなわち平和状態を維持すると考えた。同じ目標を掲げながら、ホッブズとブルの目標実現の方法は異なる。その差異には、次のような背景がある。

　第一に、三つの価値に基づく三つの目標そのものが普遍的、すなわち個人、国家、文化、文明、歴史、地域を越えて共約可能かという問題である。共約可能であれば三つの「価値・目標」は世界秩序の「原則」となり、カントの世界共同体は可能となる。しかし、依然として世界社会はもちろん国際社会の「パタン」も必ずしも安定しない。主権国家間の最も顕著な「パタン」である勢力均衡は依然として不安定であり、規約である国際法はなお未成熟であり、またグローバルな世界社会は欧米対反欧米に分断されつつある。こうした国際社会の不安定で分断化の背景には、三つの「価値・目標」が西洋に特殊な個別的「価値・目標」ではないかとの疑念がある。実際、ブルが主権国家システムの構成員として認めたのは、古代ギリシア、ルネサンス期イタリアの都市国家であり、近代ヨーロッパ諸国である。それ以外の非ヨーロッパ諸国は、近代ヨーロッパの「価値・目標」を受け入れて初めて国際社会の一員として認められのである（ブル，15-16）

　よしんば三つの「価値・目標」が普遍的であったとしても、三つの価値の順序付けの判断基準が個人、国家、文化、文明、歴史、地域によって異なる[5]。仮に身体的安全が最優先だとしても、「信義」と「財産」のいずれの価値を優先

するかは、主体によって異なる。場合によっては「信義」が最優先されるかもしれない。ではその判断基準は何か。この判断基準こそが世界社会における共約【不】可能な、個々多様な「社会体系の文化的伝統」であろう。民族国家であれ、アメリカのような理念国家であれ、主権国家か否かを問わず独立政治社会はこの多様な「社会体系の文化的伝統」を基礎に成立している。はたしてこのような多様な国家から成る国際社会は共約可能なのだろうか。国際秩序の形成の問題は、三つの「価値・目標」そのものよりも、三つの価値を相対化する、あるいは順序付けする判断基準とは何か[6]、その判断基準をいかに国家間で共通化するか、その方法である。

　第二に、ブルが「国内類推」と批判するように（ブル, 56）、一般社会と、国際社会は、社会を構成する単位が異なる。アウグスティヌスの社会秩序の構成単位は個人であり、ホッブズのリヴァイアサンの構成単位も個人の群れであるマルチチュード（多衆）である。一方、国際社会の構成単位は主権国家である。いかに擬人化されたとしても、否、擬人化されているがゆえに個人と主権国家は異なる。一般社会は、むしろやはり個人を単位とする世界社会と通底する。ブルはこう述べている。「世界秩序は, 国際秩序よりもいっそう根本的で原初的なものである。なぜなら, 全人類から成る大社会の窮極的構成単位は, 国家ではなく（あるいは, 民族・部族・帝国・階級・政党でもなく）, 個々の人間であるからである」（ブル, 24）。しかし、国際秩序は、ある意味世界秩序や国内秩序よりも秩序の形成、維持が難しい。それは、上述のように、「価値・目標」の相対化の判断基準を、個人ではなく個人の集合体である国家間で共通化することが困難だからである。

(3) ホッブズ問題

　判断基準の差異は、パーソンズによって、「『ホッブズ的』な秩序の問題」いわ

---

5. ブルはこの三つの普遍的価値やそれ以外との価値の判断基準については明確にせず、判断を留保している（ブル, 6-7）。
6. たとえばケネス・ボールディングが紛争における「価値の順序付け」を抽象化して論じている（ボールディング, 10-11）。

ゆる「ホッブズ問題」として次のように概念化されている。「期待の規範的側面に対する自我と他我の動機指向の相互性に関する秩序」(パーソンズ, 43)。言い換えるなら、目標や価値に対する自我と他我の自由意志による動機付けの相互作用に基づく行為の制度的統合に関する問題である。この「ホッブズ問題」の核心をパーソンズは、「人々が功利的に利害を追求するとき、いかにして社会秩序は可能か」(パーソンズ, 43) と要約した。自己の利己的な原則に基づく行動様式と社会が求める他者の利他的な行動様式をいかに両立させるかという問題である。「人々」を「国家」に置き換えれば、「諸国家が功利的に国益を追求するとき、いかにして国際社会秩序は可能か」となり、前述のブルが提起した（ⅰ）、（ⅱ）の課題そのものである。

この問いにパーソンズは、「秩序の問題」とは「安定した社会的相互行為の体系、すなわち社会構造の統合の性質という問題の焦点は、行為体系を、この文脈では個人と個人の間を統合している規範的な文化的基準と、行為者の動機づけを統合することにある。この基準は、……価値指向のパターンであり、その意味で社会体系の文化的伝統の特に決定的な部分をなしている」(パーソンズ, 43)。つまり「社会体系の文化的伝統」を基準に個人の「価値指向パターン」すなわち価値判断の基準を共通化し、「行動様式」を定式化つまり、慣習、教育、法律などにより規則化、制度化することが秩序の形成ということになる。これこそブルの「一定の目標や価値を促進するような社会生活の配列という、特定の結果につながる行動様式」にほかならない。

パーソンズは「期待の規範的側面に対する自我と他我の動機指向の相互性に関する秩序」形成の過程を、「ダブル・コンティンジェンシー（二重の条件依存性）と呼ばれる概念で説明する。すなわち「一人の行為者が、彼の出方次第に依存する他の行為者の行為にたいしていだく指向には、<u>もともと評価的指向が含まれている</u>。というのは、相手の出方次第に依存するという要素 (the element of contingency) は、選択肢の体系が関連していることを意味しているからである。そしてまた相互行為の安定性は、<u>両者の側の個々の評価活動が共通の基準に指向している</u>、という条件にかかっている」(パーソンズ, 76、註5)（下線引用者）。つまり秩序の形成には「両者の側の個々の評価活動が共通の基準に指

向している」ことが所与の前提となっている。つまり秩序の問題は、評価（活動）の基準（前述の「価値・目標」の判断の基準）とは何か、（評価）活動の方法（前述の「価値・目標」の判断の方法）とは何かに集約される。

パーソンズは、前者には、上述した「社会体系の文化的伝統」、後者には「コミュニケーションを可能にするシンボル体系の秩序」と答えている。つまり秩序の所与の前提として、共通の価値や目標の文化的伝統があり、社会構成員間のコミュニケーションを可能にするシンボル（言語）体系が想定されているのである。では、「社会体系の文化的伝統」や「シンボル体系の秩序」はいかにして形成されるか、そもそも「社会体系の文化的伝統」や「シンボル体系の秩序」を共有しないもの同士のコミュニケーションはどのようにして始まるのか、パーソンズの「ダブル・コンティンジェンシー（二重の条件依存性）」（パーソンズ, 42-43）では明確にならない。

他方、ブルの社会概念は、パーソンズと同様である。ブルは、国際社会についてこう述べる。「『主権国家から成る社会』（あるいは, 国際社会）が存在すると言えるのは, 一定の共通利益と共通価値を自覚した国家集団が,――その相互関係において, それらの国々自身が, 共通の規則体系によって拘束されており, かつ, 共通の諸制度を機能させることに対してともに責任を負っているとみなしているという意味で――一個の社会を形成しているときである」（ブル, 14）。「一定の共通利益と共通価値」とは「社会体系の文化的伝統」に相当する。

ブルの国際社会概念の問題は、「一定の共通利益と共通価値」を国家集団がどのように自覚し、形成するかが明確ではないことである。ホフマンもまた、その点について、こう批判している。「ブルは, また, 共通利益という曖昧な概念の裏面までは検討していない。共通利益の起源はどこにあるのか（外生的な要請にあるのか, 国内的圧力にあるのか）」（ブル, xi）ブルは、「近代国家内で人が秩序ある社会的共存ができる理由のいかなる説明であっても、相互的利益、共同体意識あるいは一般意思、習慣あるいは慣性のような要因に十分重きをおいていないものは完璧な説明とはいえない」（ブル, 58）と、「相互的利益、共同体意識あるいは一般意思、習慣あるいは慣性のような要因」を所与の前提として議論を進めている。秩序で問われるべきは、なぜ国家間で「相互的利益、共同

体意識」が自覚でき、つまり「規範的な文化的基準と、行為者の動機づけ」によって「一般意思、習慣あるいは慣性」が制度化されるかである。ブルは、その制度化の過程を歴史的に叙述するが、パーソンズのようには論理的な説明を試みたわけではない。そして、何よりも制度化の手段となるコミュニケーションの基礎である「シンボル体系の秩序」をどのように国家集団が共有するかである。ブルの国際社会は、ギリシア・ヘブライの西洋文明のシンボル体系が所与の前提となっており、暗黙の裡に、西洋文明のシンボル体系を共有することが国際社会への参加の要件になっている。

　結論から言えば、ブルもまた、パーソンズの「文化パタンのパーソナリティへの内面化」と同様に「一定の共通利益と共通価値を自覚した国家集団」が存在し、そしてパーソンズの「社会体系への制度化」と同様に「相互関係において, それらの国々自身が, 共通の規則体系によって拘束されており, かつ, 共通の諸制度を機能させることに対してともに責任を負っている」（ブル, 14）（下線引用者）との前提の下で、政府が無くても国際社会には秩序が存在することを証明しようとしたのである。その「共通の規則体系」とは国際法や条約であり、「共通の諸制度」とは、経済や安全保障など外交を通じて構成される諸制度である。秩序が形成され、維持できるかは、「共通の規則体系や共通の諸制度を機能させることに対して」国際社会を構成する国家がどの程度責任をもって行動するかにかかっている。それこそ、パーソンズが指摘する自己の利己的な原則（国益）に基づく行動様式と社会が求める他者の利他的な原則（国際益）に基づく行動様式をいかに両立させるかという問題である。ブルもまた、パーソンズ同様に、「社会体系の文化的伝統」や「シンボル体系の秩序」を所与の前提としたために国際秩序もまた所与の前提となったのである。

　ブルは、それについて明確に次のように記している。「こうした歴史上の国際社会（ギリシアの都市国家、古代中国の国際システム, 古代インドの諸国家システムそして西洋近代主権国家システムなど）に共通する一つの特徴は, すべて, 共通の文化や文明に基礎をおいていたことである。あるいは, 少なくとも, かような文明のいくつかの要素—— すなわち, 共通の言語, 宇宙についての共通の認識と理解, 共通の宗教, 共通の倫理規範, 共通の美学的, 芸術的伝統——

第7章　ブルの国際社会論　171

の上に成り立っていたということである」(ブル, 17)(括弧内引用者)。問われるべきは、歴史上の国際社会の一つでしかなかった西洋近代主権国家システムが、どのようにして世界大の共通の文化・文明へと拡大したかであろう。

2. 国際システムと国際社会

これまで、ブルが国際秩序、国際システムや国際社会を所与の前提としている理由を、ブルが依拠したアウグスティヌスの秩序の定義が秩序の「場」を暗黙の前提としていること、またブルが国際秩序を所与の前提としている理由を、パーソンズの秩序概念同様に「社会体系の文化的伝統」や「シンボル体系の秩序」を所与の前提としているから、と論じてきた。ブルは冒頭の問い、「(ⅰ)世界政治における秩序とは何か」、「(ⅱ)今日の主権国家システムでは、秩序はどのようにして維持されているのか」について考察するために、国際社会を所与の前提とした。あらためて問われるべきは、「秩序はどのようにして形成されるのか」という問題ではないだろうか。

スタンリー・ホフマンは、序文でこう記している。「この英国的な考え方の独創性は, 国際関係を, たんなる『国家から成るシステム』であるばかりではなく, 国家間の複雑な関係のまとまりであるとともに, 一個の『国際社会』を形成していると見る点にある」(ブル, vii)(下線引用者)。ホフマンは国際社会の存在こそが英国学派の独創であると評価する一方、ブルが「国際社会の成立過程について十分に解き明かしてはくれなかった」(ブル, xi)と批判している。ではなぜブルは国際社会の成立過程を解明できなかったのか。それは、国際社会を所与の前提としたために、説明の必要もなかったからである。ではなぜブルが国際社会を所与の前提としたのか、その理由を、以下ではシステム論の視点から考察する。

(1) 統制的原理としての国際社会

ブルは、ホッブズの現実主義的伝統、グロティウスの国際主義的伝統に並べて国際社会観の思想的伝統の一つとしてカントの普遍主義的伝統を挙げている。しかし、普遍主義的伝統よりも、むしろブルの論理構成はカントのシステム論、

全体論の影響を強く受けている。システムという用語はともかく、アリストテレスを始祖とする目的論的全体論や、18世紀に入ってアブラハム・トランブレーのヒドラの再生実験を契機に大流行したいわゆる生気論や有機体論に当時の欧州思想界は色濃く染まっている[7]。

　ブルは、主権国家の集合体との意味で「国家システム」という術語を初めて使ったのはプーフェンドルフで、1675年の論文集『国家システム』が始まりと推測している。そして「『システム』ということばは、ルソーやネッテルブラットのような著述家によって、ヨーロッパ国家に用いられたが、そのことばを主に流布させる役目を果たしたのは、ゲンツ、アンシヨン、ヘーレンのようなナポレオン時代の著述家であった」（ブル、13）と、システム論の変遷を概略している。たしかにプーフェンドルフの「国家システム」概念に連なる思想家はゲンツ、アンシヨン、ヘーレンだとしても、「システム」概念は、別の系譜をたどっている、「システム」概念は、上述のように18世紀に大流行した概念である。特にプロシアではカント、フィヒテ、シェリング、ヘーゲルらのドイツ観念論が目的論的有機体論的全体論の影響を受け発展していった。現在のシステム論は、この思想的系譜の延長線上にある。システム論は、少なからずドイツ観念論の影響を受けている。カントの影響を受けていると思われるのが、ブルの次の一文である。

　「……現代では、世界政治の<u>根本的・構成的規範原則</u>と呼ばれうるものを明らかにする規則複合体が存在する．この原則は、普遍的帝国、個々の人間から成る世界市民社会、ホッブズ的自然状態ないし戦争状態、といった代替的観念とは異なる<u>『主権国家から成る社会』</u>という観念を、人類の政治的組織化の最高規範原則として認めるものである。……『主権国家から成る社会』の観念には、<u>歴史的必然性とか道徳的神聖性とかいったものは、いっさい存在しない</u>」（ブル、87）（下線引用者）。この一文に見られる論理は、『純粋理性批判』に記された、全体論の概念に基づくカントの統制的原理、構成的原理を下敷きにしたと思われる[8]。

---

7. システム論や有機体論などの概念の変遷については、以下を参照。伊藤重行「システム哲学―その源流と発展」（北川、伊藤編『システム思考の源流と発展』）、「システム論前史」（河本『オートポイエーシス』）。

第7章　ブルの国際社会論　173

ブルは、「歴史的必然性とか道徳的神聖性」つまり超越論的存在を前提とせず、「純粋理性の統制的な使用」（カント, 147-199）に基づいて国際社会の観念を「最高規範原則」すなわち「統制的原理」とし、「規則複合体」を「構成的原理」とする「主権国家から成る社会」システムを構成したのである。つまり、ブルは最高規範原則として国際社会を絶対的な所与の前提としたのである。
　この最高規範原則から、以下の構成的規範原則が導出される。第一に構成員としての主権国家が定義され、第二に構成原理としての「共存の法則」の必然性、そして第三に、国家間の協力を規律する規則の複合体の存在が導きだされる（ブル, 87-90）。これらの規則複合体が構成的原理として、「国際秩序の維持について一定の役割を果たしている」（ブル, 87）。構成的原理に基づく国際秩序もまた規範であり、従って国際社会の秩序は形成できるか否かではなく、国際社会の秩序を所与の前提として、「（ⅱ）今日の主権国家システムでは、秩序はどのようにして維持されているのか」という問いが設定されるのである。この問いの含意は、国際秩序が規範であるがゆえに、国際秩序は維持されるべきである、と言うことになる。
　この統制的原理や構成的原理のカントの概念枠組みは、現代のシステム論にも通底している。一般システム論研究の先駆者の一人であるケネス・ボールディング[9]は、統制的原理の代わりに「イメージ」という言葉を用いる。「イメージ」とは、統制的原理がシステムの「目標と価値」を規定するように、イメージもまたシステムの目標を設定する。
　ボールディングは、「イメージ」を次のように概念化する。「知識は妥当性と真実を含意しているが、イメージは真実と信ずる主観的な知識（subjective knowledge）」（Boulding, 5-6）である。そして、「何がイメージを決定するのか。……それはイメージを抱く人の過去のすべての経験がイメージを作り上げる」

---

8. 単に、アウグスティヌスの秩序の目的的観念（ブル,4）という文脈から紡ぎ出されたと考えることもできる。しかし、カントもまたアウグスティヌスのキリスト教思想に連なる哲学者である。
9. ベルタランフィやアナトール・ラパポートらとともに1954年に創立した一般システム理論の学会の創立メンバーの一人。

(Boulding, 6) と主張する。

ブルは、国際システムを「たんに, ある特定の種類の国際的集合体を特定するために用いている」(ブル, 13)。すなわちブルは「ある特定の種類の国際的集合体」を国際システムとしてイメージした。それはなぜか。「目標と価値」をもった国際社会を説明するためである。「国際社会は, 国際システムの存在を前提としている」(ブル, 15)。では国際システムとは何か。

(2) 国際システム

国際システムは主権国家から成るシステムである。ブルは、まず主権をこう定義する。「対内主権とは, その領域・人口内にある他のすべての権力に優越する最高権力を意味する. 国家は, 他方で, 対外主権と呼ばれるものを主張する. 対外主権とは,〔国際関係内にある〕最高権力ではなく, 外部権力から独立していることを指す」(ブル, 9)。そしてこの対内的、対外的主権を主張する独立政治社会が主権国家である。この文脈において主権国家とは主権概念が確立した16世紀以降の西欧主権国家だけではなく、古代ギリシアやルネサンス期イタリアの都市国家も含める（ブル, 9）。その上で、主権国家の「国際集合体としての国際システム」(ブル, 13) について、ブルは次のように考察を加える。

国際システムは国際社会とは異なる。ブルは国際システムを、「たんに, ある特定の種類の国際的集合体を特定するために用いている」(ブル, 13)。一方で「国際社会」は、一定の共通利益と共通価値を自覚した国家集団が、規則と制度によって形成された一個の社会である（ブル, 14）。そしてこの国際社会は、統制的原理として、天下り的に所与の前提となっている。ところで、ブルは国際システムと国際社会を区別する。「国際社会は, 国際システムの存在を前提としている。しかし, 国際社会ではない国際システムも存在しうる」(ブル, 15)。なぜなら「共通利益や共通価値を自覚してもいないし, 自らが, 共通規則体系によって拘束されているとも考えていないし, 共通制度を機能させることにも協力しないということはありうる」(ブル, 15) からである。つまり国際社会という統制的原理に従わない、あるいは統制的原理のない主権国家から成る国際システムが存在する、ということである。では国際社会ではない国際システムと

は何か。

　ブルは、英国学派の父祖と目されるマーティン・ワイトの国際システムの類型を参考に、自ら定義した国際システムを、ワイトの国際的国家システムになぞらえる。その一方で、これとは異なる国際システムとして宗主国が最高権を主張し維持する宗主国家システムを挙げている（ブル, 11）。ワイトが例としてあげるのは、「ビザンティウムとその隣接弱小国との関係, アッバース朝東カリフ国とその周囲の弱小国との関係, 中華帝国とその朝貢国との関係」（ブル, 11）。ブルは、宗主国家システムでは宗主国だけが主権を持っており、以下の国際システムの定義に当てはまらないがゆえに、国際システムとは異なるシステムと定義したのである。

　ブルは国際システムを次のように定義する。「二カ国以上の国家が, <u>相互に十分な接触をもち, お互いの決定に十分な影響を与え合う結果</u>, それらの国家が——少なくともある程度は——<u>全体の中の部分として振る舞うようになる</u>とき, 『主権国家システム』（あるいは, 国際システム）が成立する」（ブル, 10）（下線引用者）。つまり、複数の「主権国家」が「全体の中の部分として振る舞う」システムが「主権国家システム」なのである。したがって、主権国家が宗主国一カ国から成るハイアラーキカルな宗主国家システムは、主権平等のアナーキカルな国際システムの範疇には入らない。

　下線で示したように、ブルの国際システムの定義には、二つの問題が提起されている。

　第一に、複数の国家が「相互に十分な接触をもち, お互いの決定に十分な影響を与え合う」とは具体的にはどういうことか。ブルは、国家の相互の接触の例として、「16世紀から19世紀末までのヨーロッパ諸国と非ヨーロッパ諸国との遭遇の事例」を挙げる。「単一の国際システムへの参加者ではあるが, 単一の国際社会の構成員とは言えない場合でも, 通信, 使節や使者の交換, 合意——通商に関する合意のほかにも, 戦争・講和・同盟に関する合意——は存在するであろう」（ブル, 16）「単一の国際社会の構成員とは言えない場合」すなわち一定の共通利益と共通価値を自覚せず、規則と制度にも拘束されない国家であっても、通商や安全保障に関する合意は成立する、ということである。

規則と制度にも拘束されないことはさておき、共通利益と共通価値を自覚しないで相互に接触を持つことはあるのか。通商や安全保障で合意するには、そこに共通利益と共通価値が必要である。少なくとも一方が共通利益と共通価値を期待できなければ、両者が一方的利益や固有価値だけであれば、そもそもコミュニケーションをとる動機はどこにあるのか。さらに「共通利益や共通価値」を判断する基準はどこにあるのか。

　この問題こそ、前述のパーソンズの「ダブル・コンティンジェンシー（二重の条件依存性）」（パーソンズ, 42-43）のアポリアであった。つまり、自他の行為や行為の応答の「不確実さ（contingency）」に「相互（double）」に依存しているがゆえに、行為が起こらないということである。これが「ホッブズ問題」の核心である。「ダブル・コンティンジェンシー（二重の条件依存性）」の故に、自然状態におけるマルチチュードは相互に行動を起こすことができず、ホッブズの自然状態は戦争状態にはならないのである。パーソンズは、結局、自他の間に共通利益や共通価値を構成する「社会的文化的伝統」や言語等共通のシンボル記号から成る「シンボル体系の秩序」の存在を所与の前提として社会秩序の形成を説明したのである。ホッブズも、やはり所与の前提として、「安全、評判、利得」の「社会的文化的伝統」と、暗黙の裡にマルチチュード間の共通の言語に基づく「シンボル体系の秩序」という社会状態を自然状態に滑り込ませたのである。ブルもまた、所与の前提である統制的原理としての「社会的文化的伝統」としての国際社会の「共通利益や共通価値」を国際システムにもちこんだのである。「共通利益や共通価値」があれば、それはすでに国際社会である。「共通利益や共通価値」がなくても、国際システムの一員として参加することがあるとすれば、それは、ニクラス・ルーマンの「ダブル・コンティンジェンシー（二重の条件依存性）」の解釈であろう。ルーマンはパーソンズの解釈とは真逆に、自他ともに相手が応答するか不確実ではあるから、自他ともに行為を起こすのである。例えば、利益となるか不利益となるか、相手がどのような「価値」をもっているかわからないがゆえに、相手と接触する価値があるのである。この行為の過程が、国際社会ではなく国際システムの形成の過程である。しかし、接触価値があるから、必ずしも接触するわけではない。国際システム

では多くの場合、この接触の端緒は、たとえば日本の開国のように欧米列強による暴力的で、しかも一方的な利益に基づいている。その後日本は国際社会の「社会的文化的伝統」すなわち西洋文明を受容し共通利益と共通価値を自覚して国際社会の構成員となり、通商や安全保障で合意した。

はたして「国々が,単一の国際システムへの参加者ではあるが,単一の国際社会の構成員とは言えない場合」(ブル、16) があるのだろうか。ブルは、「国際システムの中に,こうした他と区別できる国際社会の特性が存在するか否かは,必ずしも容易に決定できるものではない」(ブル, 17) と留保する。そして「同時に明らかに国際社会である国際システムと、明らかに国際社会ではない国際システムとの中間には,共通利益意識が暫定的かつ未成熟であるような事例が存在する」(ブル, 17)。国際社会と国際システムの差異は、結局のところ「共通利益や共通価値」をどれほど共有するか、その程度の違いであって、構造的に国際社会と国際システムが異なっているわけではない。ブルが、目的論的に「共通利益や共通価値」を国際社会の目標に規定し、国際社会には国際システムが必要と見なす限り、「共通利益や共通価値」を多く共有している国際システムが秩序のある国際社会であり、あまり、あるいは全く共有していない国際システムが無秩序の国際社会である。

カプランは共通利益と共通価値に基づかず、国家の行為に焦点を当て、ブルが指摘するように「行為システム」(ブル, 13) として国際システムの形成過程を考察した。また、ウォルツも国家間の相互作用に焦点を当て、こう記している。「各ユニットは、自らのために行動し、類似のユニットが共=行動(コアクション)することによって、すべてのユニットに影響し拘束するような構造が生まれてくるのである」(ウォルツ, 119)。つまり「類似のユニットの共=行動(コアクション)」すなわち利己的な行動がアナーキカルなシステムを生む。一方、類似していないユニットの単なる相互作用ではハイアラーキカルなシステムを自己構成する。このようにカプランもウォルツも、アクターやユニット間の相互作用がミクロ経済学の類推[10]から国際システムを構成するとの視点に立つ。国際システムを所与の前提とするブルとの決定的な差である。

第二に、「全体の中の部分として振る舞う」とはどういうことなのか。主権国

家が部分として振る舞っているのを見る視点はどこにあるのか。システムを論じるとき、重要なのは視点をシステム外部に置くか、内部に置くかである。すなわちシステム外部の超越的存在者からの視点なのか、それともシステム内部からの視点なのか。システム外部に視点を置きシステムを対象化する第一世代の動的平衡系システムは視点だけではなく、自動車のようにシステムを外部から制御するアロポイエティック・システムである。第二世代の自己組織化システムはシステム外部に視点を置く一方、生命体のようにシステム内部で自発的に制御され自己組織化するシステムである。そして第三世代システムはシステム内部に視点を置き内部からシステムを制御するオートポイエーシス・システムである。社会システムは基本的には自己組織化、オートポイエーシスの自律システムである。西洋起源の国際システムそして国際社会が第二次世界大戦以降1970年代にはほぼ地球大に拡大し、国際システムにもはや外部が存在しなくなった状況で、「全体の中の部分として振る舞う」というブルの視点は、国際システム論に自己組織化システムやオートポイエーシス・システムへの扉を開く可能性を秘めている。

　ブルのシステム論は、アウグスティヌスの秩序を前提にした目的論的システム論であり、統制的原理やイメージで概念構成された認識・思考システムをもった人間による、第一世代の設計主義的アロポイエティック・システムである。他方、カプラン、ウォルツのシステム論は、認知・経験システムをもった人間による国家間の相互作用や行為の経験に基づく自己組織化システム論である。この第二世代の自己組織化システムの基本要素は、概念化、抽象化された構造と主体あるいはシステムとアクターの関係となる。いずれが独立変数となり、従属変数となるか、それを決定するのは構造やシステムの外にいる超越的存在

---

10. ボールディングはカプランの*System and Process in International Politics*についてこう書評している。「経済学者は、この国際システムの可能な状態の分類から、完全競争（多数の行為者による力の均衡）から独占的競争（少数の行為者による力の均衡）、寡占（緩い二極）、複占（厳しい二極）、カルテル化（普遍的国際）、独占（階層的国際）までの「市場の状態」を否応なしに思い起こさせられることになる」(Bolding, 330)。またウォルツはこう述べている。「国際政治は、何でも起こりうる領域により近い。しかし、自助の原則が作用しているという点では市場経済と構造的に似ている」（ウォルツ, 121）。

である。さらに第三世代のオートポイエーシス・システムとしての国際システムは、ハインツ・フォン・フェルスター（Foerster, Heinz V.）が「われわれが環境を認知するとき、環境を構成するのはわれわれ自身なのだ」(Foerster, 211)といったように、個々人の認識・思考システムに基づいて統制的原理やイメージで構成された主観的国際システムである。いずれの世代のシステムに重点を置くかで、人は神の視点からシステムを外部から見る場合もあれば、内部に視点を置いて自らの視点から環境としてのシステムを構成する場合もある。時代拘束性を考えれば、ブルのシステム論が、第一世代のシステム論にとどまっているのはやむを得ない。

　部分として振る舞っている主権国家を誰が、どのように認識しているのか。上記の三つの視点を踏まえるとき、主権国家はどのようにして主権国家の集合体である「全体」すなわち国際システムやその構成員である「部分」すなわち主権国家として認識するのか。「全体」の概念は、個々の主権国家が「部分」であるとの自己認識が共有されなければ成立しない。そのためには「全体」が主権国家の集合体であるとの共通認識が共有されたうえで、個々の主権国家が集合体の「部分」であると再帰的に自己認識されなければならない。そして何よりも、主権国家であるとの自己認識の主体はだれか、また自己認識の過程はどのようなものか。こうした認識の問題は、認識・思考システムに基づく統制的原理やイメージで構成された主観的国際システムと、認知・経験システムに基づく国家間の相互作用や行為の経験で構成された客観的国際システムとの差異に関わる。共通利益や共通価値に基づくブルは前者、行為や相互作用に基づくカプラン、ウォルツは後者に依拠した国際システム論と言える。

(3) 相互作用としての勢力均衡

　ブルやカプラン、ウォルツが共通して主権国家間の相互作用として取り上げているのが、勢力均衡である。以下ではブルとウォルツの勢力均衡を比較対照し、両者の差異に焦点を当てる。

　ブルの勢力均衡概念は整理すると以下のようになる。ブルはヴァッテルの勢力均衡の定義を起点とする。「いずれの一国も優越的地位を占めておらず,

他国に対して自らが正しいとみなすことを独断的に命令できない状況」（ブル、127）との大前提を置いて、勢力均衡を以下のように細分化する。

第一に、二カ国からなる相互均衡すなわち「単純な勢力均衡」と三カ国以上からなる多辺均衡すなわち「複合的な勢力均衡」である。なぜ、「単純な勢力均衡」や「複合的な勢力均衡」が起こるか、ブルはヨーロッパの歴史から帰納的に説明している。一方、カプランは、ミクロ経済学の理論の応用から双極、多極の国際システムを演繹的に説明しようとした。カプランはミクロ経済学の市場経済状態に当てはめて、前者を寡占（緩い二極）、複占（厳しい二極）、そして後者をカルテル化と見なしている（Boulding, 330）。方法論は異なるが、両者の結論は同じである。

第二に、「一般的な均衡」と「地域的・特定的な勢力均衡」である。前者は、「国際システムを全体として見たとき優越的地位にある大国が一国も存在しない状況」であり、後者は「ある地域または国際システムの一部分において成立する」勢力均衡である。経済に喩えれば、マクロ経済システムとミクロ経済システムの違いと言ってよいだろう。この二つの均衡と混同してはいけないとブルが注記するのが、「支配的均衡」（中心的均衡）と「従属的均衡」である。時代背景から、「支配的均衡」は米ソの勢力均衡である。中東や、東南アジアの地域的勢力均衡が、米ソの「支配的均衡」の影響を受けているという意味で、ブルはこれら地域の均衡を「従属的均衡」と区別した。これは単なる現状分析である。

第三に、「主観的に存在する均衡」と「客観的に存在する均衡」との区別である。これは、前述したように、人間には外界を認識・認知するシステムとして、認識・思考システムと認知・経験システムがあり、国際システムもそれぞれに応じて、前者に基づく主観的国際システムと後者に基づく客観的国際システムがある。「主観的に存在する均衡」とは「均衡」概念を統制的原理やイメージとする、あるいは「均衡が存在するとの一般的信念」（ブル、129）により構成された主観的国際システムにおける均衡概念と考えられる。他方「客観的に存在する均衡」とは、数字に置き替えることのできる、経済力、人口、軍事力等のハードパワーに基づき構成された客観的国際システムの均衡概念と言える。

モーゲンソーをはじめ米国の現実主義政治学は、もっぱら後者の「客観的に存在する均衡」に焦点を当て、数字とデータに基づく政治学の科学化を追求した。

　第四に、「偶発的な均衡」と「意図的な均衡」である。前者は文字通り、いずれの側も意図せず、意識的な努力もなく生まれた均衡である。「意図的な勢力均衡」とは両者あるいは一方が意図して作り出した均衡である。これは政策や戦略にほかならない。ブルが、こうした区分をしたのは、「自由選択的な」政策と、「決定論的な」政策との区別と混同を避けるためである。勢力均衡は人間の意志に基づく選択なのか、あるいは作用・反作用の自然法則のような「挑戦と対抗」という「歴史法則」（ブル, 131）なのか。いずれにしても「両者とも, 勢力均衡を偶発的なものというよりはむしろ意図的なものであるとみなしていることに変わりはない」（ブル, 131）。社会秩序は、あくまでも人間が「原則」によって作り出す秩序であると主張するブルにとって勢力均衡も、人間の自由意志に基づく国際秩序維持の方法の一つである。

　「『意図的な勢力均衡』のもっとも基本的な形式は, 当事国のうちの一国が, 他国の軍事的な優越的地位の達成を阻止する政策を追求している二国間均衡」（ブル, 132）である。この政策の前提は、「相互作用を及ぼし合う多様な国々が単一のシステムまたは力の場を構成していると認識する能力があること」（ブル, 132）である。「そのような認識の意義は, ……均衡の保持という共通目標を促進する国家間の協調を可能とすることである」（ブル, 132）。その前提には、勢力均衡という概念を関係国すべてが共有する必要がある。「国際システム全体としての勢力均衡を保持することこそシステム内のすべての国家の共通目標であるべき」（ブル, 133）と、国際システムの統制的原理が設定される。ここでも関係国すべてが、勢力均衡に共通の価値を認める必要がある。ブルは、こうした勢力均衡の事例として、1713年に、「キリスト教国全体の恒久的な平穏………を獲得する希望に満ちて」（ブル, 157, 第5章訳注（C））（下線引用者）と前文に記されたユトレヒト条約で結実した勢力均衡に基づくヨーロッパの平和を挙げている。勢力均衡は、結局キリスト教国の共通利益と共通価値のもとに実現したのである。勢力均衡は協調の証なのである。

　共通の認識が、国家間の協調を可能にし、この協調の下で、共通目標である

勢力均衡の保持が追求される。ブルにとって、結局のところ国際システムは協調システムである。一方、カプラン、ウォルツにとって国際システムは対立システム、自助システムである。英米学派それぞれの国際システムに対する見方の差異は、結局ルソーとホッブズの協調と対立の世界観に還元される。

おわりに

　はたして、英国学派、米国学派があるかという問題の前に、本論文で取り上げた英国学派はブル一人であり、一方の米国学派はカプランとウォルツだけである。ブルが英国学派を代表するかどうかはさておき、カプランとウォルツを米国学派と呼べるほどに、彼らが現代の米国の国際政治学のメインストリームの学者というにはためらいがある。ブルも、カプランもウォルツも60年代から70年代に活躍した学者である。いずれも大きな問題意識として、米ソ冷戦とは何か、いかに解決すべきか、という問題意識を背景に学知を構築している。

　同じ問題意識を共有しながら、問題解決の方法論には、これまで論じてきたように大きな差異がある。

　両者の最大の差異は、命題の焦点が国際社会か国際システムか、いずれにあるかと言うことであろう。ブルは国際秩序や国際社会を所与の前提として論を進めている。アウグスティヌスの目的論的秩序論かカントの統制的原理のいずれに基づいているかは判然としないが、ブルのシステム概念は目的論的有機体論的全体論である。したがって国際社会の良き秩序を維持するために規範として正義と自由意志に基づく政策の形成が模索される。一方で、カプラン、ウォルツはミクロ経済学にもとづくシステム論を応用し、国際システムの形成過程に焦点を当てている。そこには人間の行為の規範ではなく、科学化、法則化が求められる。

　ブルとカプラン、ウォルツの方法論上の差異は、彼らが学知を構築した時代に拘束されているのかもしれない。60年代にはすでに社会学の大家であったタルコット・パーソンズを30代の気鋭の学徒であったブルが知らないはずはない。引用文献に記載はないが、ブルの国際社会は、これまで論じてきたように、

パーソンズの論理体系と瓜二つである。またシステム論も60年代は第一世代システム論、70年代は自己組織化の第二世代システム論への過渡期であり、同時代に活躍したカプランやウォルツの国際システム論も、主に第一世代システム論の概念枠組みを用いてはいるが、ミクロ経済学の論理でシステムの形成を論じている。

　さて、では我々は今どのような時代拘束を受けているのであろうか。ブルが、冷戦という時代拘束の中で提起した国際社会の規範的概念をどのように受け止め、そしてどのように維持発展させ、ブルが夢見た世界社会へとつなげていけばよいのか。そのためにいかなる共通利益と共通価値を創造する必要があるのか。冷戦後の今日、はたして「世界市民から成る社会」という観念を，人類の政治的組織化の最高規範原則として認める時代は来るのだろうか。

本稿は、下記の小論、小著に依拠している

「自己組織論による国際政治理論の再検討―― ブルの『アナーキカル・ソサイエティ』再考」『桜美林論考.法・政治・社会』第6巻、2015年、39-53

『国際紛争は何故起こるか――ネオ・サイバネティクス紛争理論の構築』桜美林大学叢書、2022年

引用文献

ウォルツ, ケネス著、河野勝、岡垣知子訳（2010）『国際政治の理論』勁草書房）

加藤朗（2022）『国際紛争は何故起こるか――ネオ・サイバネティクス紛争理論の構築』桜美林大学叢書

カント著、中山元訳（2011）『純粋理性批判6』光文社、147-149。

パーソンズ, タルコット著、佐藤力訳（1974）『現代社会学体系14 パーソンズ 社会体系論』青木書店

ブル, ヘドリー著、臼杵陽一訳（2000）『国際社会論――アナーキカル・ソサイエティ』岩波書店

ホッブズ著、水田洋訳（2004）『リヴァイアサン（1）』岩波書店

ボールディング、K. E. 著、内田忠夫、衛藤瀋吉訳（1976）『紛争の一般理論』ダイヤモンド社

Boulding, K. E. *The Journal of Conflict Resolution* Vol. , II, No. 4, (Dec. , 1958) p. 329-334

Bull, Hedley, *The Anarchical Society : A Study of Order in World Politics* (London : Macmillan, 1977)

Foerster, Heinz von, "On constructing a Reality, " *Understanding Understanding : Essays on Cybernetics and Coginition*, (Spriner, 2003)

参考文献

河本英夫（1995）『オートポイエーシス』青土社

北川敏男・伊藤重行編（1987）『システム思考の源流と発展』九州大学

ベルタランフィ著、長野敬・太田邦昌共訳（1973）『一般システム理論』みすず書房

ボウルディング著、大川信明訳（1962）『ザ・イメージ』誠信出版

マトゥラーナ, H. R.、F. J. ヴァレラ著、河本英夫訳（1991）『オートポイエーシス生命システムとは何か』国文社

モーゲンソー, ハンス著、現代平和研究会訳（1986）『国際政治（1）-（4）』福村出版

ルソー, ジャン・ジャック著、坂倉裕治訳（2016）『人間不平等起源論　付「戦争法原理」』講談社

ルーマン, ニクラス著、佐藤勉監訳（1993）『社会システム理論（上）（下）』恒星社厚生

Kaplan, Morton *System and Process in International Politics*（University of Chicago, Jhon Wiley & Sons, 1957）

おわりに

　本書は、2017年11月4日に桜美林大学国際学研究所の主催で開催された公開シンポジウム「国際学の先端―（準）周辺からみた国際社会―」の報告書を基盤として、その後の各報告者の研究の進展を織り込み、かつ挨拶、討論、司会として参加した研究者の書き下ろし論文を含めて、大幅に再構成した研究である。かつての国際学研究所の活動と歴史、本書を刊行する意義については、もう一人の編者である加藤朗が的確に述べているので、そちらに譲りたい。また、当シンポジウム関連の資料を、末尾に付録した。本来であれば2017年度シンポジウムの研究成果は、翌2018年度の国際学研究所の出版物として世に問う予定だったが、全学的な大規模組織再編によって研究所は突如廃止の憂き目を見ることとなり、重要な研究が埋もれる結果となった。加藤と大中の編者二人は、内心忸怩たる思いを抱きつつ、7年間の月日が流れた。

　しかし2020年に当時の佐藤東洋士総長によって桜美林大学出版会が創立され、今回2024年桜美林大学叢書出版採択の通知を得たことで、本研究は再び世に出る機会を得た。結果として、このような立派な叢書の一つとして刊行することができたのは、僥倖であった。今回の研究は、単なる7年前のシンポジウムの復刻ではなく、ほぼ全面的に書き直すか、大きく加筆修正された最新の論文を揃えることができたからである。本書出版に際して、2017年秋のシンポジウムに登壇された全執筆者が快く原稿を寄せていただいたことに、編者として心から感謝したい。

　シンポジウム報告が原点にあることから、敢えて各章ごとに参考文献や註の表記は統一せず、各執筆者のディシプリンの流儀に従っている。しかし、全体を包含している共通の関心事項は、英国学派の国際社会論である。各章は、それぞれ異なる研究対象でありながらも、英国学派の理論を用いることで、新たな国際社会論の展開を試みている。その評価については、読者の判断を待ちたい。

最後に、本書を刊行するにあたりご尽力いただいた桜美林大学出版会および論創社の皆様、採択時の桜美林学園理事長であった小池一夫先生と桜美林大学長の畑山浩昭先生に御礼申し上げたい。

　　2024年5月芒種

大中　真

参考資料①

序言

　本報告書は、桜美林大学・国際学研究所が「学融合」の「知の拠点」となるべく、2017年度の目的として掲げた「国際学の先端を開拓する」という目的に沿って、同年11月4日（土）（14：00～17：30）に学内外の研究者を招き開催した公開シンポジウム「国際学の先端―（準）周辺からみた国際社会―」の報告書である。シンポジウム当日は、近隣大学のみならず遠くは関西から多彩な学問領域の研究者や出版関係者が集い、活発な議論がなされた。以下は、シンポジウムの目的、開催の意義である。

【目的】

　昨年来、イギリスのEU離脱、アメリカのトランプ大統領の誕生、ヨーロッパ各国でのポピュリズム勃興、さらには一向に衰えない世界各地でのテロの連鎖など、国際秩序そのものが不安定な変動期に入ったという指摘が、多くの識者から出されている。こうした中で、本学LA学群教員の加藤朗と大中真は、今改めて脚光を浴びている国際学の先端理論である英国学派の国際関係理論に興味関心を抱いてきた。

　特に大中は、これまで英国学派に関する著作、翻訳書、学術論文を数多く出版してきた。英国学派は、国際法、外交史、思想・哲学の研究手法を重視し、国際社会を規範や秩序の面から考察するものである。そこで今回、日本国内の他大学から多くの研究者を本学に集め、従来の欧米中心主義の国際関係論を脱し、英国学派の理論を用いて、周辺からの国際社会を議論する場を設けることで、混迷する国際情勢を理解する手がかりを得たいと考えた。

【今回のシンポジウム開催の意義】

　本学からは所長の加藤が開会挨拶と閉会の総括を、大中が趣旨説明と司会を行い、他にも研究協力者および本学教員の参加協力を仰ぎ、他大学からの参加者にとっても交通の便のよい千駄ヶ谷キャンパスを会場としてシンポジウムを

開催した。

　英国学派は、近年世界的規模で大きな注目を浴びている国際関係理論の先端理論の一つであり、日本の学界でも急速に関心が高まっている。報告者ならびに討論者に予定している6名の多くは、若手・中堅の研究者を重点的に配置しており、いずれも今後学界での活躍が期待される逸材ばかりであり、そのような研究者を本学の国際学研究所が主催する公開シンポジウムに集めて学術的な議論の場を提供したことは、学術面における本学の名を大いに高めたものと確信している。

　2018年3月31日

　　　　　　　　　　　　　　桜美林大学国際学研究所　所長　**加藤　朗**

参考資料②

プログラム

開 会 挨 拶：加藤 朗（桜美林大学国際学研究所所長・教授）
趣旨説明・司会：大中 真（桜美林大学准教授）

報告者：
池田丈佑（富山大学准教授）
　「国際関係理論における中心と周辺―英国、米国、日本」
小松志朗（山梨大学准教授）
　「中東における軍事介入：英国学派で読み解く21世紀のイギリス外交」
今井宏平（アジア経済研究所研究員）
　「オスマン帝国とトルコ共和国の国際社会への参入」
刈谷千尋（立命館大学助教）
　「国際社会論におけるバーク」

休憩

討論者：
佐藤 誠（立命館大学名誉教授）
千知岩正継（北九州市立大学講師）

会場との質疑応答

総括・閉会挨拶：加藤 朗

（編者注：各研究者の肩書きおよび職位は、すべてシンポジウム開催当時のものである。）

参考資料③

国際学研究所　所長挨拶

　国際学研究所の理念は、「学而事人」（学びて人に仕える）に基づく「知の実践」です。「学而事人」は創立者清水安三のモットーです。「学びて人に仕える」すなわち知を実践してこそ、知は知たりえます。国際学研究所は知の実践を通して人に、社会に貢献する研究所でありたいと考えています。

　国際学研究所の理想は、「群知性」に基づく運営です。国際学研究所の役割は知的環境を整備することだけです。その中で研究員をはじめ国際学研究所に集う人々が相互の対話から問題を発見し、相互に啓発しながら研究を進めていきます。こうした知性の群れ集いこそが研究の創発性を高め、より豊かな知的環境を創り、さらに多くの知性を巻き込み、より一層創発性を高めるという好循環を生み出すことでしょう。

　国際学研究所の目的は、国際学研究所を「学融合」の「知の拠点」とすることです。学知が細分化する中、個々の学知だけでは混沌としたローカル、グローバルを問わず複雑、多岐に渡る問題群に対処できません。国際学研究所は、あらゆる問題に、あらゆる研究領域から、あらゆる分析手法を駆使して取り組むために、あらゆる学知を融合した「知の拠点」作りをめざします。

　国際社会は不透明さを増すばかりです。中東では民主化運動が頓挫し、主権国家が溶解し始めています。イスラム圏では新たにカリフ制再興の動きが生まれています。EUでは経済危機をめぐって亀裂を来し始めています。東アジアでは日中韓のバルカン化が顕著になっています。何よりも米中の間で覇権をめぐる対立が次第に鮮明になっています。世界はまさに海図なき航海に漕ぎ出す船のようです。国際学研究所は海図を作る一助となるよう全力を尽くします。

　　　　　　　　　　　　　　　国際学研究所所長　加藤 朗
　　　　　　　　　　　　　　　Director, Institute for International Studies
　　　　　　　　　　　　　　　J. F. Oberlin University

2018. 3. 31

参考資料④

桜美林大学国際学研究所の沿革

　国際学研究所は、学術的研究機関として大学院の教育と関連して国際地域文化に関する調査研究を行い、学術及び教育の促進を図ることを目的として、1994年に本学に設置されました。

　以後、臼井勝美、谷嶋喬四郎、安宇植、植田渥雄、藤田敬喜、小澤一彦、加藤朗、ブルース・バートンの歴代所長の下で、学術会議・講演会・講座等の開催、国内外の大学・学術機関との学術及び教育の交換・交流、学術図書・論文の出版等の事業を実施してきました。

　2004年に桜美林大学の研究組織の機構改革が行われ、「学術・教育・社会の諸領域にわたる専門的・学術的・総合的研究およびその応用活動を推進し、国内はもとより国際的学術・教育・社会の発展・向上に寄与することを目的とする」（桜美林大学総合研究機構規定第2条）総合研究機構が設置されました。国際学研究所は、産業研究所や高等教育研究所等他の研究所とともに同機構傘下の研究所となり、同機構の運営方針の下で新たな活動に踏み出しました。

　　2018. 3. 31

参考資料⑤

2017年度　桜美林大学国際学研究所主催　シンポジウム

国際学の先端―（準）周辺からみた国際社会論―

　昨年来、イギリスのEU離脱、アメリカのトランプ大統領の誕生、ヨーロッパ各国でのポピュリズムの勃興、さらには一向に衰えない世界各地でのテロの連鎖など、国際秩序そのものが不安定な変動期に入ったという指摘が、日本の内外の多くの識者から出されています。このような中、「学融合」の「知の拠点」として国際学研究所は、本年度、世界的規模で改めて大きな注目を浴びている国際学の先端理論である英国学派の国際関係理論をとりあげ、シンポジウムを行ないます。英国学派は、国際法、外交史、思想・哲学の研究手法を重視し、国際社会を規範や秩序の面から考察するもので、従来の米国中心主義の国際関係論を脱し、英国学派の理論を用いて、周辺からの国際社会を学術的に議論する場を設けることで、混迷する国際情勢を理解する手がかりを得たいと考えています。

日時：2017年11月4日（土）　14：00～17：30

会場：桜美林大学四谷（千駄ヶ谷）キャンパス

＊会場までの経路についてはこちらをご参照下さい。<http://www.obirin.ac.jp/access/yotsuya/>

プログラム

開会挨拶：加藤朗（桜美林大学国際学研究所所長・教授）

趣旨説明・司会：大中真（桜美林大学准教授）

報告者：池田丈佑（富山大学准教授）「国際関係理論における中心と周辺―英国、米国、日本」

　　　　小松志朗（山梨大学准教授）「中東における軍事介入：英国学派で読み解く21世紀のイギリス外交」

　　　　今井宏平（アジア経済研究所研究員）「ヨーロッパ国際社会へのオスマン帝国／トルコの参入」

　　　　苅谷千尋（立命館大学助教）「国際社会論におけるバーク／"ティーカップ"の中の『論争』？」

休憩

討論者：佐藤誠（立命館大学名誉教授）

　　　　千知岩正継（北九州市立大学講師）

会場との質疑応答

総括・閉会挨拶：加藤朗

〒194-0294　東京都町田市常盤町3758　TEL:042-797-2661（代）　桜美林大学

索 引

〈語句索引〉

あ

アウグスティヌスの秩序　　162, 163, 166, 172, 179

アナーキー　　61, 64, 76, 78, 80, 81

アラブの春　　94

アレクサンドロヴィッチ命題（Alexandrowicz thesis）　　41

EU加盟　　124

EU加盟交渉国　　126

EU加盟申請　　125

EUサミット　　131

EU・トルコ共同行動計画　　131

イスラーム主義　　121

イェール学派　　15, 16

イラク戦争　　103

イングランド東インド会社　　142, 144

ウィーン会議　　42

ウィーン体制　　21

ウェストファリア体制　　21, 154, 155

エチケット　　86

欧州関税同盟　　126

オスマン主義　　121

オスマン帝国　　42, 50, 119, 120, 121, 132

オランダ東インド会社　　142, 143

か

拡大命題　　38

カピチュレーション　　43, 50

管轄権　　50

規範パワー　　129, 132

京都学派　　24

ギリシャ　　126

儀礼　　50

グローバル国際社会　　37, 40

グローバルな政体間社会　　51, 52

グローバル法制史　　49

グロティウス的（Grotian）　　10

構成的原理　　173, 174

国際関係思想史　　60, 61, 62, 69, 70, 76, 83

国際機構　　36

国際機構論　　37

国際システム　　47, 119

国際司法裁判所（ICJ）　　42

国際社会　　36, 47, 120

国際制度論　　38

国際秩序　　162, 163, 164, 166, 168, 171, 172, 174, 182, 183

国際法　　39, 40, 42, 44, 45

国際連合　　36

国際連盟　　19, 36

国家学派　　18, 21, 23

国家システム　　46

国際的いとなみ（international life）　　2, 19

国内類推　　27

さ

作法　　63, 65, 66, 67, 72, 73, 76

索引　197

シカゴ学派　　15

自然状態　　82, 166

自然法　　64, 65, 71, 72, 73, 74, 84

自然法論　　43

実証学派　　18, 21, 22, 23

実定法主義　　43

嫉妬　　81, 82, 83, 87

社会秩序　　163, 164, 165, 168, 169, 177, 182

従属論　　7

植民地類推（colonial analogy）　　27

諸国民の家（family of nations）　　41, 42, 48, 52, 138, 139, 140, 155, 156

諸国民の社会（Society of Nations）　　139

諸国民の法（law of nations）　　41, 42, 49, 51, 52, 71, 72, 82, 84, 86

シリア内戦　　106

シリア難民　　132

新興国　　43, 44

人道的介入　　95, 98, 101, 102, 107, 108, 110, 111

生活圏（grossraum lebensraum）　　24

政治概念論争　　18

政体間の関係（interpolity relations）　　50

政体間の法（interpolity law）　　50

西洋化　　122

西洋に対する反乱　　40

西洋への反逆（Revolt against the West）　　7

勢力均衡　　64, 67, 68, 77, 164, 165, 167, 180, 181, 182, 183

世界システム論　　25

世界秩序モデルプロジェクト（World Order Models Project：WOMP）　　15

世俗主義　　123

戦争の研究（A Study of War）　　15

宗主国家システム　　17

た

第一次制度　　37, 38, 118
第一次世界大戦　　21
大国による管理（Great Power Management：GPM）　　101, 103, 106
体制転換　　103, 104, 105, 106, 108, 109, 110, 111, 112
大東亜国際法叢書　　24
第二次制度　　37, 38, 118
多元主義　　65, 66, 68
脱植民地化　　40
脱ヨーロッパ中心主義　　128
地中海条約　　123
中国学派　　3
朝鮮戦争　　124
低開発論　　7
帝国　　75, 77, 80, 86, 87, 120
帝国主義　　121
天皇機関説　　24
統制的原理　　165, 172, 173, 174, 175, 177, 179, 180, 181, 182, 183
トルコ共和国　　122, 133

な

NATO　　124
日英修好通商条約　　150
日英和親条約　　148
日米修好通商条約　　138, 150
日米通商航海条約　　138, 139, 155
日米和親条約　　138, 148, 150

索引　199

日蘭修好通商条約　150

日蘭和親条約　148

日露修好通商条約　150

日露和親条約　148

は

ハイアラーキー　51

ハイブリディティ（hybridity）　25, 26

覇権国　129

普遍的国際社会　40

ブリュッセル条約　124

文明国標準（standard of civilization）　40, 127, 128, 129, 130, 132, 149, 150, 153, 155, 156

ヴェルサイユ体制　19, 21

保護　50

保護する責任（Responsibility to Protect：R2P）　95, 107, 108

ホッブズ問題　162, 163, 168, 169, 177

ま

民主主義のためのサミット　129

民族主義　19

ムガル帝国　49, 50

や

ヨーロッパ国際社会　39, 40, 45, 118, 122, 127, 132

ヨーロッパ国際社会の拡大　119

ヨーロッパ中心主義　38, 41, 127

ヨーロッパ難民危機　130

ら

リビア介入　104
リベラル国際秩序　97
ルクセンブルク会議　126
連帯主義　65, 66, 68

〈人名索引〉

あ

アウグスティヌス　162, 163, 164, 166, 168, 172, 179, 183
アシュレイ, リチャード　4
アダムズ, ウィリアム（三浦按針）　141, 142, 144
アナーキカル・ソサエティ　12
アレクサンドロヴィッチ, チャールズ, ヘンリー　39, 41, 42, 52, 155
イーストン, デヴィッド　14, 15
筧克彦　24
ウィルソン, ジョージ, グラフトン　138, 139, 140, 155
上杉慎吉　26
ウェルシュ, ジェニファー　66, 67, 68, 69, 71, 72, 73, 80, 82, 84, 85, 86
ウォルツ, ケネス　3, 163, 178, 179, 180, 183, 184
大澤章　23
岡義武　20
オザル, トゥルグット　125
織田信長　143
オッペンハイム, ラサ　139
オラニエ公マウリッツ　143, 144

か

カー, エドワード, ハレット　3

桂太郎　139

カプラン, モートン　163, 165, 178, 179, 180, 181, 183, 184

神川彦松　19, 20

川田侃　19, 20

クルーロウ, アダム　49

グロティウス　42

ケルゼン, ハンス　13, 15, 23

コックス, ロバート　4

ゴング, ゲリット　39, 152, 153

さ

ザビエル, フランシスコ　142

ジェイムズ, アラン　48

ジェイムズ1世　145, 149

信夫淳平　19, 20

ジュヴネル, ド, ベルトランド　13

シュペングラー　24

シュミット, カール　23, 24

シュミット, ブライアン　8

スミス, アダム　61, 81, 82, 83, 87

セーリス, ジョン　144, 145

た

伊達政宗　146

ダン, ティム　8

徳川家康　142, 144, 145, 146, 147, 152

徳川秀忠　145

豊臣秀吉　143

な
南原繁　18, 19

は
バーク, エドマンド　61
パーソンズ, タルコット　162, 163, 183
パウロ5世　146
支倉常長　146
バターフィールド, ハーバート　11, 12
ヴァッテル, エミール　66, 68, 72, 73, 75, 78, 83, 84, 85
林健太郎　20
林大学頭復斎　148
ハリス, タウンゼント　150
ハレル, アンドリュー　99
ピアース, フランクリン　149
ヒデミ・スガナミ（菅波英美）　153
廣松渉　24
ヴィンセント, レイモンド・ジョン　65, 66, 67, 68, 69, 71
フィルモア, ミラード　148
フェリペ3世　146
フォーク, リチャード　15
フォレンホーフェン, コーネリス, ファン　10
福田歓一　18
ブザン, バリー　44, 101, 119, 140, 149, 150, 155
ブル, ヘドリー　65, 77, 78, 80, 81, 98, 118, 120, 151, 152
ペリー, マシュー　148, 151, 156
ベントン, ローレン　49

ボールディング, ケネス　174
ホッブズ, トマス　163, 165, 166, 167, 168, 172, 173, 177, 183
ホフマン, スタンレー　166, 170, 172
堀真琴　22

ま

牧健二　24
マクドゥーガル, マイリス　15
マッキンリー, ウィリアム　139
松下正寿　24
マニング, チャールズ, アンソニー, ウッドワード　11, 12
丸山真男　17, 22
美濃部達吉　26
メリアム, チャールズ　13, 14
モーゲンソー, ハンス　3, 13, 14, 23

や

安井郁　23, 24
山縣有朋　139
横田喜三郎　23

ら

ライト, クインシー　15
ラスウェル, ハロルド　14
リッケルト, ハインリッヒ　22
リンクレイター, アンドリュー　156
蠟山政道　17, 18, 19
ローターパクト, ハーシュ　10
ロック, ジョン　10

わ

ワイト, マーティン　62, 63, 64, 65, 66, 67, 71, 73, 150, 151

ワトソン, アダム　39, 46, 47, 152

著者紹介

加藤 朗（かとう・あきら）

桜美林大学名誉教授

1951年生まれ。1981年早稲田大学大学院政治学研究科国際政治修士修了。1981年4月（〜1996年3月）防衛庁防衛研修所所員、1996年4月（〜2022年3月）桜美林大学国際学部（リベラルアーツ学群）教員、2022年退職。著作『国際紛争はなぜ起こるか―ネオ・サイバネティックス紛争理論の構築』（桜美林大学出版会、2022年）、『現代戦争論』（1993）中公新書、『テロ―現代暴力論』（2002）中公新書他。訳書に『黒色火薬の時代』（2024年、芙蓉書房出版）他。

大中 真（おおなか・まこと）

桜美林大学リベラルアーツ学群教授

1968年東京都生まれ。学習院大学大学院政治学研究科政治学専攻博士後期課程修了、博士（政治学）、一橋大学大学院法学研究科法学・国際関係専攻博士後期課程終了、博士（法学）。オクスフォード大学セントアントニーズ・コレッジ上級客員研究員（新渡戸フェロー）、ハーヴァード大学歴史学部訪問研究員（桜友会フェロー）などを経て現職。主著『マーティン・ワイトの国際理論―英国学派における国際法史の伝統』（国際書院、2020年）ほか。

池田丈佑（いけだ・じょうすけ）

東北学院大学法学部教授

1976年福井県生まれ。大阪大学大学院国際公共政策研究科博士後期課程修了、博士（国際公共政策）。オランダ・ライデン大学人文学部地域研究所客員研究員、インド・O. P. ジンダルグローバル大学准教授、富山大学准教授を経て現職。近著に『日本外交の論点（新版）』（共著、法律文化社、2024年）『E. H. カーを読む』（共著、ナカニシヤ出版、2022年）ほか。

千知岩正継（ちぢいわ・まさつぐ）

宮崎産業経営大学法学部准教授

1974年宮崎県生まれ。九州大学大学院比較社会文化学府国際社会文化専攻・博士課程単位取得退学。神戸大学大学院国際協力研究科国際協力政策専攻・博士課程前期修了、修士（法学）。主な著作に、「『保護する責任』を司るグローバル権威の正当性―国連安保理と民主主義国協調―」『国際政治』第171号（2013年）ほか。

苅谷千尋（かりや・ちひろ）

金沢大学高大接続コア・センター特任助教
1976年生まれ。立命館大学大学院政策科学研究科博士後期課程修了、博士（政策科学）、立命館大学大学院公務研究科助教などを経て現職。主著「戦時下の雄弁：マッキントッシュの『国王殺し政府との講和書簡』（バーク著）評」（『政策科学』第20巻3号、2021年）、「戦争と平和の言語：バーク『国王殺し政府との講和書簡』をめぐる論争」（『関西大学法学研究所研究叢書』2022年）ほか。

小松志朗（こまつ・しろう）

山梨大学大学院総合研究部准教授
1978年高知県生まれ。早稲田大学大学院政治学研究科博士後期課程単位取得退学、博士（政治学）。早稲田大学政治経済学術院助手、同助教などを経て現職。主著『人道的介入：秩序と正義、武力と外交』（早稲田大学出版部、2014年）、『地域から読み解く「保護する責任」：普遍的な理念の多様な実践に向けて』（聖学院大学出版会、2023年、共編著）ほか。

今井宏平（いまい・こうへい）

独立行政法人日本貿易振興機構（ジェトロ）アジア経済研究所海外研究員
1981年長野生まれ。中東工科大学 Ph. D. (International Relations)。中央大学博士（政治学）。専門は、現代トルコ外交・国際関係論。著書に『トルコ現代史』中央公論新社、2017年、『戦略的ヘッジングと安全保障の追求：2010年代以降のトルコ外交』有信堂、2023年、『トルコ100年の歴史を歩く：首都アンカラでたどる近代国家への道』平凡社新書、2023年などがある。

◎桜美林大学叢書の刊行にあたって

「隣人に寄り添える心を持つ国際人を育てたい」と希求した創立者・清水安三が一九二一年に本学を開校して、一〇〇周年の佳節を迎えようとしている。

この間、本学は時代の要請に応えて一万人の生徒・学生を擁する規模の発展を成し遂げた。一方で、哲学不在といわれる現代にあって次なる一〇〇年を展望するとき、創立者が好んで口にした「学而事人」（学びて人に仕える）の精神は今なお光を放ち、次代に繋いでいくことも急務だと考える。

一粒の種が万花を咲かせるように、一冊の書は万人の心を打つ。願わくば、高度な知性と見識を有する教育者・研究者の発信源として、現代教養の宝庫として、さらには若き学生達が困難に遇ってなお希望を失わないための指針として、新たな地平を拓きたい。

この目的を果たすため、満を持して桜美林大学叢書を刊行する次第である。

二〇二〇年七月　学校法人桜美林学園理事長　佐藤　東洋士

国際学の先端研究　「準」周辺からみた英国学派の国際社会論

2024年10月1日　　初版第1刷発行

編著者	加藤朗　大中真
発行所	桜美林大学出版会
	〒151-0051　東京都渋谷区千駄ヶ谷1-1-12
発売元	論創社
	〒101-0051　東京都千代田区神田神保町2-23　北井ビル
	tel. 03（3264）5254　fax. 03（3264）5232　https://ronso.co.jp
	振替口座　00160-1-155266
装釘	宗利淳一
組版	桃青社
印刷・製本	中央精版印刷

ISBN978-4-8460-2426-0
落丁・乱丁本はお取り替えいたします。